••• Títulos relacionados

IFCD0111 PROGRAMACIÓN EN LENGUAJES ESTRUCTURADOS DE APLICACIONES DE GESTIÓN

[OTROS TÍTULOS DISPONIBLES]

AF274226

IFCD0112 PROGRAMACIÓN CON LENGUAJES ORIENTADOS A OBJETOS Y BASES DE DATOS RELACIONALES

[OTROS TÍTULOS DISPONIBLES]

Solicítalos en:
- Librería
- www.paraninfo.es
- Solicitudes nacionales +34 914 463 350
- Solicitudes fuera de España +34 913 308 907, +34 913 308 919

Diseño de bases de datos relacionales

José Manuel Piñeiro Gómez

Paraninfo

© 2024 Ediciones Paraninfo, S. A.
© 2024 José Manuel Piñeiro Gómez

Edición y maquetación: Ediciones Nobel, S. A.

Impresión: Liberdigital (Casarrubuelos, Madrid)
ISBN: 978-84-283-6391-4
Depósito legal: M-25849-2024

Impreso en España

Biografía

José Manuel Piñeiro Gómez es ingeniero en Informática por la Universidad de Deusto y máster oficial en la Sociedad de la Información y el Conocimiento por la Universitat Oberta de Catalunya. Desde el año 2000 es profesor de Enseñanza Secundaria por la especialidad de Informática, impartiendo docencia en ciclos formativos de FP. También ha trabajado como profesor asociado en el área de Lenguajes y Sistemas Informáticos en la Universidad Pública de Navarra y en la Universidad de Burgos, y como profesor colaborador en la Universitat Oberta de Catalunya. Trabaja como profesor-tutor en el centro asociado de la UNED en Pamplona. Tiene varias publicaciones en el mercado relacionadas con aspectos didácticos de la informática, las bases de datos y el desarrollo de *software.*

Índice

Introducción normativa

La Ley Orgánica 3/2022, de 31 de marzo, de ordenación e integración de la Formación Profesional, contiene una disposición derogatoria única que afecta a la regulación de los certificados de profesionalidad, ahora denominados **Certificados Profesionales.** La referida normativa deroga la Ley Orgánica 5/2002, de 19 de junio, de las Cualificaciones y de la Formación Profesional, y abre un escenario de cambios que se irán implementando progresivamente.

La Ley Orgánica 3/2022, de 31 de marzo, de ordenación e integración de la Formación Profesional implica que toda la formación es acumulable. La oferta formativa se estructura de forma escalonada, siendo los Certificados Profesionales un nivel intermedio (Grado C) de una escala que va desde el Grado A hasta el E.

En los artículos 35 a 38 de la Ley 3/2022 se describe en qué consisten estos Certificados Profesionales: su oferta, formación asociada, estructura, duración, acceso, titulación y validez. Posteriormente, esta normativa se completa con lo dispuesto en el Real Decreto 659/2023, de 18 de julio, que desarrolla la ordenación del sistema de Formación Profesional. Concretamente en los artículos 67 a 81 es donde se hace referencia a la oferta formativa de Grado C, correspondiente a los Certificados Profesionales.

Están agrupados en 26 familias profesionales con características comunes del sector. En la actualidad hay más de medio millar de Certificados Profesionales incluidos en el Repertorio Nacional. Esta cifra no deja de crecer. Además, cada certificado está específicamente regulado por un real decreto.

Un Certificado Profesional corresponde al Grado C de la oferta del Sistema de Formación Profesional. Es un documento oficial, con validez en todo el territorio nacional y debe constar en el Catálogo Nacional de Ofertas de Formación Profesional, que certifica la capacitación para el desarrollo de una actividad profesional.

Debe detallar los módulos profesionales superados y los estándares de competencia profesional asociados a él e incluidos en el **Catálogo Nacional de Estándares de Competencias Profesionales**, así como su correspondencia con el Marco Español de Cualificaciones.

Despliegan su validez en un doble ámbito, laboral y académico:

- En el contexto laboral tienen validez profesional, porque acreditan las competencias en una determinada profesión. Para poder trabajar en algunas profesiones, se exigen determinadas cualificaciones, y los certificados sirven para acreditarlas.

- Asimismo, tienen validez académica, puesto que permiten continuar un itinerario formativo siempre que se cumplan los requisitos de acceso para cursar la titulación deseada. De tal modo que, los Certificados Profesionales que sean parte de un Grado D permitirán la matrícula modular para completar los módulos establecidos en el currículo y obtener el correspondiente título de técnico básico, técnico o técnico superior con validez en todo el territorio nacional.

Para obtener un Certificado Profesional (Grado C) es preciso cumplir con los requisitos de acceso para realizar la formación.

Estructura de los Certificados Profesionales

I. Identificación: denominación, familia y área profesional a la que pertenecen; nivel de cualificación profesional (1, 2 o 3); cualificación profesional de referencia; entorno profesional y módulos formativos que esté previsto cursar junto con la duración de cada uno de ellos.

II. Perfil profesional: incluye las competencias profesionales requeridas en el mercado laboral. En todas ellas se concretan las realizaciones profesionales y los criterios de realización.

III. Formación: describe los módulos formativos que esté previsto cursar para adquirir las competencias requeridas. En cada uno de ellos se indican las capacidades que se pretende alcanzar y la duración del módulo de prácticas no laborales —PNL—, para el que cabe solicitar exención si se cumplen determinados requisitos.

IV. Prescripciones de las personas formadoras.

V. Requisitos mínimos de espacios, instalaciones y equipamiento.

Los Certificados Profesionales se identifican con una denominación concreta y un código alfanumérico propio, y sirven para acreditar una determinada cualificación profesional. Cada certificado está asociado a una relación de unidades de competencia que, a su vez, se vinculan con una serie de módulos formativos específicos. Algunos módulos están integrados por unidades formativas y tanto unos como otras son, en ocasiones, transversales, lo que significa que se trata de contenidos incluidos en más de un Certificado Profesional.

Los Certificados Profesionales se articulan en tres niveles de competencia profesional (1, 2 y 3) conforme a lo dispuesto en el que será el Catálogo Nacional de Estándares de Competencias Profesionales, anteriormente Catálogo Nacional de Cualificaciones Profesionales (CNCP), según los criterios establecidos de conocimientos, iniciativa, autonomía y complejidad de las tareas, en cada una de las ofertas de Formación Profesional.

La oferta formativa dirigida a la obtención de los Certificados Profesionales tiene carácter modular para favorecer la acreditación parcial acumulable de la formación recibida y posibilitar así el avance en el itinerario de Formación Profesional para cualquiera que sea la situación laboral de cada persona en cada momento.

En definitiva, el Grado C constituye la oferta, parcial y acumulable, del sistema de Formación Profesional, de varios módulos profesionales del catálogo modular de Formación Profesional por razón de su significado en el mercado laboral y conducente a la obtención de un Certificado Profesional.

Las ofertas de Grado C de Formación Profesional tendrán por objeto módulos profesionales incluidos previamente en el catálogo modular de formación profesional y asociados al Catálogo Nacional de Estándares de Competencias Profesionales.

Finalidad de los Certificados Profesionales

- Contribuir a la ordenación de un Sistema de Formación Profesional al servicio de un régimen de formación y acompañamiento profesionales que sea capaz de responder con flexibilidad a los intereses, expectativas y aspiraciones de cualificación profesional de las personas a lo largo de su vida.

- Combinar escuela y empresa situando a la persona en el centro del sistema.

- Facilitar el aprendizaje permanente de toda la ciudadanía mediante una formación abierta, flexible y accesible, estructurada de forma modular, a través de la oferta formativa asociada al certificado.

- Acreditar las cualificaciones profesionales o las unidades de competencia recogidas en estas, independientemente de su vía de adquisición, bien sea través de la vía formativa, o mediante la experiencia laboral o vías no formales de formación.

- Favorecer, tanto a nivel nacional como europeo, la transparencia del mercado de trabajo.

- Contribuir a la calidad de la oferta de Formación Profesional.

Este libro

El presente libro desarrolla la Unidad Formativa denominada *Diseño de bases de datos relacionales*, UF2175.

Dicha unidad formativa está asociada a la Unidad de Competencia UC 0226_3, forma parte del Módulo Formativo MF 0226_3 *Programación de bases de datos relacionales* perteneciente a las Cualificaciones Profesionales de referencia: IFC155_3, de nivel 3, incluida en el Certificado Profesional denominado *Programación en lenguajes estructurados de aplicaciones de gestión,* y IFC080_3, de nivel 3, incluida en el Certificado Profesional denominado *Programación con lenguajes orientados a objetos y bases de datos relacionales.* Ambas se encuentran dentro de la familia profesional Informática y comunicaciones.

Según el Real Decreto 628/2013, de 2 de agosto, los contenidos que en esta obra se recogen se corresponden con una duración de 50 horas.

Tanto la estructura como el desarrollo del libro se ajustan al citado real decreto y más concretamente a los contenidos de la unidad formativa que le da título *Diseño de bases de datos relacionales,* UF2175.

Contenidos

1. Introducción a las bases de datos
   - Evolución histórica de las bases de datos.
   - Ventajas e inconvenientes de las bases de datos.
   - Conceptos generales:
     — Concepto de bases de datos.
     — Objetivos de los sistemas de bases de datos:
       – Redundancia e inconsistencia de datos.
       – Dificultad para tener acceso a los datos.
       – Aislamiento de los datos.
       – Anomalías del acceso concurrente.
       – Problemas de seguridad.
       – Problemas de integridad.
   - Administración de los datos y administración de bases de datos.
   - Niveles de arquitectura: interno, conceptual y externo.
   - Modelos de datos. Clasificación.

- Independencia de los datos.
- Lenguaje de definición de datos.
- Lenguaje de manejo de bases de datos. Tipos.
- El sistema de gestión de la base de datos (DBMS).Funciones.
- El administrador de la base de datos (DBA).Funciones.
- Usuarios de las bases de datos.
- Estructura general de la base de datos. Componentes funcionales.
- Arquitectura de sistemas de bases de datos.

2. **Modelos conceptuales de bases de datos**
   - El modelo Entidad-Relación:
     — Entidades.
     — Interrelaciones: cardinalidad, rol y grado.
     — Dominios y valores.
     — Atributos.
     — Propiedades identificatorias.
     — Diagramas Entidad-Relación. Simbología.
   - El modelo Entidad-Relación extendido.
   - Restricciones de integridad:
     — Restricciones inherentes.
     — Restricciones explícitas.
   - Control de la redundancia.

3. **El modelo relacional**
   - Evolución del modelo relacional.
   - Estructura del modelo relacional:
     — El concepto de relación. Propiedades de las relaciones.
     — Atributos y dominio de los atributos.
     — Tupla, grado y cardinalidad.
     — Relaciones y tablas.
   - Claves en el modelo relacional:
     — Claves candidatas.

- — Claves primarias.
- — Claves alternativas
- — Claves ajenas.
- Restricciones de integridad:
  - — Valor *null* en el modelo.
  - — Integridad de las entidades.
  - — Integridad referencial.
- Teoría de la normalización:
  - — El proceso de normalización. Tipos de dependencias funcionales.
  - — Primera forma normal (1FN).
  - — Segunda forma normal (2FN).
  - — Tercera forma normal (3FN).
  - — Otras formas normales (4FN, 5FN).
  - — Desnormalización. Razones para la desnormalización.

4. **El ciclo de vida de un proyecto**
  - El ciclo de vida de una base de datos:
    - — Estudio previo y plan de trabajo. Actividades.
    - — Concepción de la BD y selección del equipo físico y lógicos:
      - – Conceptos generales acerca del análisis de aplicaciones.
      - – Concepción de la base de datos.
      - – Selección del equipo físico y lógicos necesarios.
  - Diseño y carga:
    - — Conceptos generales acerca del diseño de aplicaciones.
    - — Diseño lógico.
    - — Diseño físico.
    - — Carga y optimización de la base de datos.
  - Conceptos generales del control de calidad:
    - — Control de calidad de las especificaciones funcionales.
    - — Seguimiento de los requisitos de usuario.

5. **Creación y diseño de bases de datos**
    - Enfoques de diseño:
        — Diseños incorrectos. Causas.
        — Enfoque de análisis. Ventajas y desventajas.
        — Enfoque de síntesis. Ventajas y desventajas.
    - Metodologías de diseño:
        — Concepto.
        — Diseños conceptual, lógico y físico.
        — Entradas y salidas del proceso.
    - Estudio del diseño lógico de una base de datos relacional.
    - El diccionario de datos: concepto y estructura.
    - Estudio del diseño de la BBDD y de los requisitos de usuario.

Nota del editor

En Ediciones Paraninfo estamos comprometidos con la calidad de la formación e intentamos que nuestros materiales, respondan fielmente y con rigor a las necesidades de todos cuantos confían en nuestro sello editorial.

Tratamos de dar respuesta a los currículos de las unidades formativas y de los módulos que integran los distintos Certificados Profesionales, equilibrando la parte teórica con la práctica para que los procesos de aprendizaje se conviertan en experiencias gratificantes tanto para docentes como para las personas inmersas en los procesos formativos.

Contribuir de forma decisiva a afianzar aprendizajes, ayudar a adquirir destrezas que tengan significado para el empleo y conseguir potenciar el desarrollo personal es nuestra mayor satisfacción como editores.

Para lograrlo contamos con excelentes autores, expertos en las materias que abordan, en la mayoría de los casos docentes de dichas especialidades con dilatada experiencia profesional y académica, porque buscamos perfiles familiarizados con los contextos laborales concretos a los que se refieren nuestros manuales.

Confiamos en poder serte de ayuda y esperamos tus impresiones acerca de nuestro trabajo. Sean positivas o negativas, serán muy bien recibidas y, sin duda, nos ayudarán a seguir mejorando y trabajando con ilusión para continuar siendo un referente en formación para el empleo.

Agradecemos tu confianza en nuestros manuales. Todo nuestro equipo queda a tu total disposición. Puedes contactar con nosotros en esta dirección de correo electrónico: info@paraninfo.es.

Introducción a la obra

Toda aplicación informática que se crea hoy en día debe operar sobre una base de datos, por lo que una tarea fundamental en el ámbito del desarrollo del *software* es la creación de bases de datos. Pues bien, antes de crear una base de datos en un SGBD concreto, se debe realizar un diseño adecuado de la misma, aspecto tratado en profundidad en la presente obra.

El proceso de diseño de una base de datos relacional se puede afrontar empleando dos enfoques: el de análisis y el de síntesis. El primero se basa en la teoría de la normalización, que se trata de manera detallada y rigurosa en el Tema 3. El segundo enfoque divide el proceso de diseño de bases de datos en dos fases: el diseño conceptual, para el que se emplea el modelo Entidad-Relación, ampliamente tratado en el Tema 2, y el diseño lógico, que consiste en la transformación del diagrama Entidad-Relación en un conjunto de tablas, y que se expone en el Tema 5.

En la presente obra se estudian las bases teóricas del diseño de bases de datos relacionales acompañadas de numerosos ejemplos prácticos para facilitar su comprensión. Además, se proporcionan al final del libro varios ejercicios resueltos de diseño de bases de datos y un conjunto de ejercicios propuestos cuya solución se puede consultar en la página web de Paraninfo.

Los contenidos de esta obra se adecúan estrictamente a los prescritos en el BOE para la UF2175 *Diseño de bases de datos relacionales,* incluida dentro del módulo formativo transversal MF0226_3 *Programación de bases de datos relacionales*, incluido a su vez en los certificados profesionales IFCD0111 *Programación en lenguajes estructurados de aplicaciones de gestión* e IFCD0112 *Programación en lenguajes orientados a objetos y bases de datos relacionales,* ambos pertenecientes al área de desarrollo de la familia profesional Informática y comunicaciones.

Por todo ello, esta obra puede resultar de gran utilidad tanto para quienes cursen esta unidad formativa como para quienes desean introducirse y/o profundizar en el diseño de bases de datos relacionales.

1. Introducción a las bases de datos

Contenido

1.1. Evolución histórica de las bases de datos

Las bases de datos empezaron a utilizarse a partir de la década de los setenta del siglo xx. Antes de emplearse las bases de datos para almacenar la información, se utilizaban archivos, o ficheros, por lo que vamos a comenzar explicando el concepto de archivo, o fichero.

La parte del ordenador en la que se almacena información se denomina memoria y podemos hablar de dos tipos de memoria fundamentalmente: la memoria principal, o memoria RAM, y la memoria secundaria.

La memoria RAM es de tipo volátil, lo que quiere decir que la información contenida en ella desaparece al desconectarse el ordenador. Por este motivo, se hace necesaria la existencia de una memoria secundaria, en la cual permanezca la información aunque se apague el ordenador.

La información depositada en la memoria secundaria está organizada en archivos, o ficheros, por lo que podríamos decir que un fichero consiste en un conjunto de *bytes* almacenados de forma organizada en un dispositivo de almacenamiento secundario (disco, CD, DVD...).

En los ficheros de datos la información se almacena en unas unidades llamadas registros, cada uno de los cuales a su vez consta de varios campos. Así, por ejemplo, en una empresa que se dedica a la comercialización de productos o servicios se podría disponer de un fichero de clientes. Este fichero constaría de muchos registros, uno por cada uno de los clientes de que dispone la organización. A su vez, cada registro se descompondría en varios campos. Por ejemplo, podríamos almacenar por cada cliente su NIF, nombre, apellidos, dirección, localidad, provincia, *e-mail* y teléfono. Cada una de estas unidades de información es un campo. En la Figura 1.1 se representa la estructura de registro Cliente y en la Figura 1.2, un ejemplo de información almacenada en el fichero de clientes.

NIF	Nombre	Apellidos	Dirección	Localidad	Provincia	*e-mail*	Teléfono

Figura 1.1. Registro Cliente.

12345678C	Ana	Gil Ruiz	Avda. , 5 2º A	Getxo	Vizcaya	agr@r.es	948789989
88776655X	Luis	Gómez García	Mayor, 20	Madrid	Madrid	lgg@r.es	911111111
...	...	...	...	...	...	...	...
00000000A	María	Pérez España	Menor, 15	Estepona	Málaga	mbe@r.es	666868900

Figura 1.2. Contenido del fichero Clientes.

Vamos a ver a continuación la forma tradicional de gestionar y almacenar los datos mediante el empleo de ficheros. Supongamos una empresa que necesita mantener información acerca de los clientes a los que atiende y acerca de los productos que vende. Sobre los clientes y los productos será necesario realizar diferentes tratamientos, para cada uno de los cuales se dispondrá de una aplicación.

Pues bien, cada una de estas aplicaciones dispondrá de su propio conjunto de ficheros que contendrán los datos necesarios, los cuales estarán organizados de acuerdo con la forma en que son tratados por la correspondiente aplicación. Los ficheros son diseñados, por tanto, para una determinada aplicación y, en consecuencia, la organización de los datos en los ficheros es totalmente dependiente de la aplicación que los trata.

De esta forma, si es necesario cambiar la estructura de alguno de los ficheros, será también necesario modificar la aplicación que los usa. Por otro lado, si es necesario cambiar una aplicación, casi con total seguridad será necesario modificar el número de ficheros que usa, su organización, los campos, etcétera.

Por otro lado, es casi seguro que existirá una alta redundancia de los datos, es decir, que existirán datos repetidos en diversos ficheros, por ejemplo, podrían estar los nombres de los clientes repetidos en varios ficheros. Esto implica que se está ocupando memoria de manera innecesaria, pero tiene otro inconveniente mucho más importante, que es la posibilidad de que se generen inconsistencias por el siguiente motivo: si un dato está repetido en varios ficheros, una modificación del mismo se debe llevar a cabo sobre varios ficheros, de manera que si no se hace así, pueden generarse inconsistencias, es decir, puede ocurrir que el mismo dato tenga diferentes valores en distintos ficheros. Supongamos el caso de que la dirección de un cliente esté almacenada en varios ficheros. Pues bien, si un cliente modifica su dirección, habrá que actualizarla en varios ficheros y si olvidamos actualizarla en uno de ellos, llegará el momento en que no sepamos cuál es su dirección real: la almacenada en un fichero o la guardada en el otro.

Esta manera de trabajar recibe el nombre de sistema orientado al proceso, porque la manera en que están almacenados y organizados los datos es totalmente dependiente del proceso que se lleva a cabo con ellos.

Las desventajas de los sistemas tradicionales que trabajaban con ficheros desembocaron en la aparición del concepto de base de datos.

Una base de datos se puede definir como (Piattini *et al.* 2006): una colección o depósito de datos integrados con redundancia controlada y con una estructura que refleje las interrelaciones y restricciones existentes en el mundo real. Los datos, que han de ser compartidos por diferentes usuarios y aplicaciones, deben mantenerse independientes de estas, y su definición y descripción únicas para cada tipo de dato, han de estar almacenadas junto con los mismos. Los procedimientos de actualización y recuperación, comunes y bien determinados, habrán de ser capaces de conservar la seguridad (integridad, confidencialidad y disponibilidad) del conjunto de los datos.

1.2. Ventajas e inconvenientes de las bases de datos

La sustitución de un conjunto de ficheros por una base de datos proporciona las siguientes ventajas:

- Independencia de los datos respecto a los tratamientos y viceversa: esto quiere decir que un cambio en los tratamientos o programas no va a conllevar una modificación en la base de datos, un nuevo diseño de la misma. Por otra parte, la realización de modificaciones sobre la base de datos, como inclusiones o modificaciones de informaciones o cambios en la estructura física de los datos, no va a implicar una modificación en los programas que acceden a los datos de la base de datos.

- Consistencia de los datos: eliminando o controlando las redundancias de datos se reduce el riesgo de que haya inconsistencias. Si la redundancia es mínima y está controlada por el sistema, como ocurre en las bases de datos, el propio sistema se encargará de garantizar que las copias se mantienen consistentes.

- Compartición de datos: en los sistemas de ficheros, estos pertenecen a las personas o departamentos que hacen uso de ellos. Cuando se trabaja con una base de datos, esta pertenece a la empresa y puede ser compartida por todos los usuarios que tienen autorización para ello.

- Mayor valor informativo: en la base de datos se almacenan los datos junto con las interrelaciones existentes entre ellos, por lo que el valor informativo del conjunto (de la base de datos) es mayor que la suma del valor informativo de los elementos individuales.

- Mejora en la accesibilidad a los datos: los sistemas gestores de bases de datos incluyen lenguajes de consulta que permiten a los usuarios con pocos conocimientos informáticos realizar consultas sobre los datos sin necesidad de escribir programas para tal fin.

- Mejora en la integridad de los datos: la integridad de la base de datos, que se refiere a la consistencia y validez de los datos almacenados, se expresa mediante determinadas condiciones o restricciones que se deben cumplir. Pues bien, el sistema gestor de la base de datos se encarga de asegurar que estas condiciones se cumplan. Esto se debe a que en una base de datos no solo se almacenan los datos propiamente dichos, sino también la semántica de los mismos.

- Control de la concurrencia: en algunos sistemas de ficheros, si hay varios usuarios que acceden simultáneamente a un mismo fichero, es posible que se pierda información o que afecte a la integridad de los datos. Sin embargo, los sistemas gestores de bases de datos gestionan el acceso concurrente a la base de datos y permiten que no ocurra este tipo de problemas.

- Reducción del espacio de almacenamiento: la desaparición o disminución de la redundancia en las bases de datos conlleva una ocupación menor de memoria secundaria.

El trabajo con bases de datos se ha generalizado desde hace ya varias décadas debido a sus ventajas frente al trabajo con ficheros. No obstante, los sistemas de bases de datos también presentan algunos inconvenientes que se van a indicar a continuación:

- Instalación costosa: la implantación de un sistema de bases de datos puede implicar elevados coste en adquisición de *hardware* y *software*, entre los cuales es de destacar el coste de adquisición y mantenimiento del sistema gestor de la base de datos (SGBD).

- Personal especializado: va a ser necesaria la contratación de personal especializado que se encargue del diseño y administración de la base de datos.

- Falta de rentabilidad a corto plazo: la implantación de un sistema de base de datos, por los costes que conlleva tanto en personal como en equipos y por el tiempo que tarda en estar operativo, no resulta rentable a corto plazo, aunque sí lo sea a medio y largo plazo.

- Baja estandarización: aunque existen estándares y su uso es muy frecuente, estos son bastante abiertos y hay importantes diferencias entre sistemas gestores.

1.3. Conceptos generales

Se van a explicar a continuación algunos conceptos generales relacionados con las bases de datos.

1.3.1. Concepto de base de datos

El concepto de base de datos ya se ha definido al final de la sección 1.1.

1.3.2. Objetivos de los sistemas de bases de datos

Toda base de datos debe cumplir una serie de requisitos, a los que nos podemos referir como objetivos de los sistemas de bases de datos. Estos objetivos se exponen a continuación:

Redundancia e inconsistencia de datos

A diferencia de lo que ocurre con los sistemas tradicionales de ficheros, en una base de datos no hay datos redundantes. Más bien, en una base de datos son solo redundantes o están repetidos únicamente aquellos datos que es imprescindible que lo estén para que en la base de datos se puedan reflejar las relaciones existentes entre los datos. Esto quiere decir que, por ejemplo, en una base de datos nunca aparecerá repetida la dirección de un cliente, pero sí puede aparecer su NIF repetido en varias tablas para reflejar, por ejemplo, que ese cliente ha realizado un pedido.

Disminuyendo la redundancia a su mínima expresión, como ocurre en las bases de datos, se consigue eliminar o reducir al mínimo la posibilidad de que se generen inconsistencias. Una inconsistencia se da cuando existen varias copias del mismo dato y el valor de dichas copias es diferente, lo que nos lleva a preguntarnos cuál es el dato del que nos debemos fiar. Por ejemplo, en un sistema de ficheros puede ocurrir que el número de teléfono móvil de un cliente de una empresa esté repetido en varios ficheros. Si un cliente cambia de número de móvil, será necesario modificar este en todos los ficheros en los que aparezca, y si esto no se lleva a cabo, tendremos varios números de teléfono distintos y no sabremos cuál es el número de teléfono actual del cliente, por lo que podemos afirmar que en este caso se ha generado una inconsistencia. En una base de datos el número de teléfono de un cliente nunca va a estar repetido, por lo que es imposible que se genere esta inconsistencia.

Dificultad para tener acceso a los datos

Una base de datos siempre debe estar disponible en el sentido de que todos aquellos usuarios autorizados para trabajar con ella, deben poder hacerlo cuando lo necesiten. Para ello, cada usuario deberá conocer su nombre de usuario y contraseña y, en función del perfil del usuario, podrá realizar determinadas operaciones sobre la base de datos.

Además, el acceso a los datos de una base de datos se debe poder realizar de manera sencilla. Para ello, existen lenguajes de definición y manipulación de datos sencillos, como el SQL, que pueden ser empleados por usuarios con pocos conocimientos informáticos para realizar operaciones sobre la base de datos. También puede ocurrir que usuarios con conocimientos informáticos, como analistas y programadores, generen programas con los que los usuarios no informáticos pueden acceder a la base de datos y realizar operaciones sobre ella sin necesidad de conocer ningún lenguaje de definición ni manipulación de datos.

Aislamiento de los datos

En una base de datos los datos son independientes de los tratamientos que se realicen sobre ellos, lo que quiere decir que, aunque se modifiquen los programas que actúan sobre los datos, estos no va a ser necesario modificarlos.

Anomalías del acceso concurrente

Las bases de datos se emplean fundamentalmente en entornos multiusuario, lo que quiere decir que lo habitual es que una base de datos sea utilizada por varios usuarios, incluso simultáneamente. El uso concurrente o simultáneo de una base de datos por múltiples usuarios origina problemas de concurrencia. Así, mientras un usuario está modificando un registro de una tabla, no se debe permitir que otros usuarios realicen ninguna operación con dicho registro. Para llevar esto a cabo esto, existe un componente en el sistema gestor de la base de datos (SGBD) que se encarga de controlar que los accesos concurrentes sobre la base de datos no lleven a esta a estados inconsistentes. Para ello, existen diferentes esquemas de control de concurrencia, como el basado en bloqueos.

Siguiendo a Silberschatz, Korth y Sudarshan (2002), un elemento de datos se puede bloquear en dos modos:

- En modo compartido: si una transacción bloquea un elemento de datos en modo compartido, solo lo puede leer, es decir, no lo puede escribir.

- En modo exclusivo: si una transacción obtiene un bloqueo sobre un elemento de datos en modo exclusivo, puede leerlo y escribirlo.

Cuando una transacción desea realizar una determinada operación sobre un elemento de datos, debe pedir un bloqueo de uno de estos dos tipos según la operación que se desee realizar. Esta petición es enviada al llamado gestor de bloqueos, de manera que la transacción solo podrá realizar la operación después de que le sea concedido el bloqueo solicitado.

Hay que tener en cuenta, como indican Silberschatz, Korth y Sudarshan (2002), que el modo compartido es compatible con otro modo compartido, pero no con el modo exclusivo. Esto quiere decir que puede haber varios bloqueos compartidos simultáneos pedidos por diversas transacciones sobre un mismo elemento de datos. Si sobre ese mismo elemento otra transacción solicita un bloqueo exclusivo, deberá esperar con anterioridad a que se liberen todos los bloqueos en modo compartido.

Problemas de seguridad

En las bases de datos se plantean problemas de seguridad, como la compartición de datos, el acceso a estos, la protección contra fallos, la protección contra accesos no permitidos, etc. Se pueden considerar tres aspectos fundamentales en relación con la seguridad:

- La confidencialidad: es necesario en una base de datos no desvelar datos a usuarios no autorizados. Para ello, los usuarios se deben identificar mediante un nombre de usuario y contraseña. Será el administrador de la base de datos (DBA) el encargado de asignar a cada usuario un nombre de usuario y contraseña. Además, también será labor del DBA especificar los privilegios que un usuario tiene sobre los objetos de la base de datos: puede ocurrir que solo pueda consultar ciertas tablas, que otras tablas las pueda consultar y modificar, etc. Para facilitar esta tarea, se suelen definir roles o grupos de usuarios, los cuales agrupan un conjunto de privilegios sobre los objetos de la base de datos, de manera que si a un usuario se le asigna un rol, adquiere todos los privilegios del rol en cuestión.

- La disponibilidad o accesibilidad: la información debe estar disponible y también el acceso a los servicios de la base de datos.

- La integridad: es necesario asegurar que los datos no han sido falseados o modificados de forma indebida. Se hace referencia a la integridad en el siguiente apartado.

Problemas de integridad

El objetivo debe ser proteger la base de datos frente a operaciones que introduzcan inconsistencias en los datos. Podemos hablar de dos tipos de integridad:

- Integridad semántica: se trata de garantizar que las operaciones que se realicen sobre la base de datos no violen las restricciones definidas al diseñar la base de datos, como por ejemplo, una limitación en cuanto a los valores permitidos para un atributo. El subsistema de integridad del SGBD debe controlar las distintas operaciones que se realicen sobre la base de datos y detectar las violaciones de integridad y, en el caso de que se produzcan, ejecutar las acciones pertinentes para garantizar que se sigan cumpliendo las restricciones establecidas cuando se diseñó la base de datos.

- Integridad operacional: en sistemas multiusuario, como lo son la mayoría de las bases de datos, es necesario un mecanismo de control de concurrencia para garantizar la conservación de la integridad de la base de datos. Para ello, existe un componente del SGBD, que es el mecanismo de control de concurrencia, que implementa algún protocolo de control de concurrencia, como el basado en bloqueos, al que nos hemos referido en la sección "Anomalías del acceso concurrente".

1.3.3. Administración de los datos y administración de bases de datos

Una base de datos se emplea para almacenar la información que se maneja en una empresa, en una institución, etc. Por este motivo es necesario que exista una persona en la organización responsable de los datos que se manejan en la misma. Esta persona debe entender y conocer los datos que se manejan en la organización y las necesidades de la organización en relación con dichos datos. Es responsabilidad de este individuo, al que nos podemos referir como administrador de los datos, decidir cuáles son los datos que se deben almacenar en la base de datos y establecer políticas para mantener y manejar estos datos de la mejor manera posible.

Por otro lado, debe existir otra figura en la empresa, que es el administrador de la base de datos, que se va a encargar de implementar informáticamente las decisiones tomadas por el administrador de datos. El administrador de la base de datos (DBA) debe ser, por tanto, un individuo con los conocimientos informáticos suficientes como para crear la base de datos en un determinado SGBD e implementar los controles necesarios para hacer cumplir las políticas establecidas por el administrador de datos. El administrador de la base de datos también tendrá otras responsabilidades, a las que se hará referencia en la sección 1.3.10.

1.3.4. Niveles de arquitectura: interno, conceptual y externo

Uno de los objetivos de un SGBD es evitar a los usuarios los detalles relativos a la forma en que los datos se almacenan y se mantienen, por lo que el administrador de la base de datos debe describir la estructura de los datos en varios niveles que conforman lo que se conoce como arquitectura de los sistemas de bases de datos. La arquitectura más estandarizada es la que cumple con los requerimientos de la normativa ANSI/X3/SPARC, surgida en 1977, que establece que la arquitectura de una base de datos debe poseer tres niveles de abstracción:

- Nivel físico: es el nivel más bajo de abstracción, en el que se describe cómo se almacenan físicamente los datos: el tamaño de los bloques de datos, los métodos de direccionamiento, los índices, etcétera.

- Nivel lógico o conceptual: en este nivel se describe a nivel lógico la totalidad de los datos que van a ser almacenados en la base de datos mediante la especificación de las entidades (por ejemplo, clientes, pedidos y artículos), atributos o propiedades de las entidades (por ejemplo, NIF, nombre, dirección y teléfono del cliente; referencia y fecha del pedido, etc.), relaciones entre las entidades, restricciones de integridad y restricciones de confidencialidad. Este nivel y el anterior son utilizados solo por el administrador de la base de datos.

- Nivel externo o de vistas: muchos usuarios no tienen por qué trabajar con toda la información almacenada en la base de datos, pues precisan solo una parte de ella. Para dar una respuesta adecuada a esta situación se define para cada usuario una vista externa o subesquema de la base de datos, que será por tanto la visión que de la base de datos tiene cada usuario. Una vista será un subconjunto de la estructura lógica global de la base de datos definida en el anterior nivel.

1.3.5. Modelos de datos. Clasificación

Cuando queremos crear una base de datos, tenemos como objetivo representar de manera organizada en un dispositivo de almacenamiento una parte de la realidad que nos rodea, con el fin de poder trabajar con esa información de manera más rápida y eficiente que si lo tuviésemos que hacer de forma manual. Pues bien, esa parte de la realidad que deseamos modelar mediante una base de datos es lo que se denomina universo del discurso (UD).

Para poder crear una base de datos se emplean como herramienta los denominados modelos de datos. Podemos definir un modelo de datos como un conjunto de símbolos, conceptos y reglas que nos permiten representar los datos que se van a almacenar en una base de datos. El resultado de la aplicación de un modelo de datos, es decir, la plasmación de la parte de la realidad para la cual deseamos crear la base de datos (UD) mediante el empleo de un determinado modelo de datos, da lugar a lo que se denomina un esquema. Existen varios tipos de modelos de datos aplicables en distintos momentos a lo largo del proceso de creación de una base de datos (modelos conceptuales, modelos lógicos y modelos físicos) dando lugar a diferentes tipos de esquemas (esquemas conceptuales, esquemas lógicos y esquemas físicos, respectivamente).

Los modelos de datos tienen una parte estática y una parte dinámica:

- La estática de un modelo de datos consta de elementos permitidos y elementos no permitidos o restricciones:

  — Los elementos permitidos no son los mismos para todos los modelos, pero la mayoría de ellos incluyen los siguientes:

    - Entidades.

    - Atributos o propiedades de las entidades.

    - Dominios o conjuntos de valores sobre los que se definen los atributos.

    - Relaciones o asociaciones entre objetos.

    La manera de representar estos elementos depende del modelo, pero por lo general se hace en forma de grafo.

  — Elementos no permitidos o restricciones: se trata de lo que se pueden considerar ocurrencias no permitidas, es decir, ciertos valores que no se pueden almacenar en una base de datos.

- La dinámica de un modelo de datos consta de un conjunto de operadores que se definen sobre la estructura del correspondiente modelo. Los valores de los datos almacenados en un esquema se llaman ocurrencia del esquema o estado de la base de datos en un instante de tiempo t_i (BD_i). Pues bien, la aplicación de una operación sobre una ocurrencia del esquema transforma a esta en otra ocurrencia.

$$O\ (BD_i) = BD_j$$

  Por ejemplo, si tenemos guardados en una tabla de una base de datos los datos de cinco clientes, eso constituye una ocurrencia del esquema. Si añadimos un nuevo cliente, es decir, si realizamos la operación de inserción de un nuevo cliente, llegamos a otra ocurrencia del esquema o nuevo estado de la base de datos, en el que ya no hay cinco clientes almacenados, sino seis.

Se van a indicar a continuación los pasos secuenciales que es necesario llevar a cabo para crear una base de datos:

- Diseño conceptual: consiste en representar el UD usando un modelo de datos conceptual, obteniendo de esta forma lo que se denomina un esquema conceptual. Estos modelos son altamente semánticos e independientes del tipo de base de datos que se vaya a utilizar con posterioridad. Esto quiere decir que esta tarea se puede llevar a cabo aun desconociendo el SGBD que se vaya a utilizar en fases posteriores. El modelo de datos masivamente utilizado en la actualidad en todo el mundo para la realización de esta tarea es el modelo Entidad-Interrelación o modelo Entidad-Relación (modelo E-R).

- Diseño lógico: consiste en transformar el esquema conceptual obtenido en la fase anterior en un esquema lógico aplicando una serie de reglas de transformación dependientes del modelo lógico y, por lo tanto, del tipo de base datos que deseemos crear. Los modelos lógicos que se han venido empleando a lo largo de la historia para las bases de datos son, en orden cronológico, el modelo jerárquico, el modelo en red y el modelo relacional.
- Diseño físico: consiste en transformar el esquema lógico obtenido en la fase anterior en un esquema físico, lo que requiere crear en un SGBD concreto todos los elementos de que consta la base de datos: dominios, tablas, restricciones, índices, etcétera.

Existen varios tipos de modelos de datos aplicables en distintos momentos a lo largo del proceso de creación de una base de datos (modelos conceptuales, modelos lógicos y modelos físicos). Estos modelos se emplean en las fases del diseño de bases de datos llamadas diseño conceptual, diseño lógico y diseño físico, respectivamente.

Modelos de datos conceptuales

Los modelos de datos conceptuales son los primeros que se emplean en el proceso de creación de una base de datos. También reciben el nombre de modelos lógicos basados en objetos y son modelos altamente semánticos e independientes del tipo de base de datos que se pretenda crear.

En estos modelos se describen los datos del universo del discurso tal y como los captamos en el mundo real, esto es, alejados de su implementación en el ordenador en un SGBD concreto.

El modelo de datos conceptual más empleado en la actualidad y utilizado desde hace ya más de treinta años es el modelo Entidad-Interrelación, más conocido como modelo Entidad-Relación o modelo E-R. Este fue propuesto por Peter Chen en el año 1976. Posteriormente, otros autores realizaron aportaciones al modelo propuesto por Chen, dando lugar a lo que se conoce como el modelo extendido Entidad-Relación. Este modelo es ampliamente estudiado en el Tema 2. Otro modelo conceptual importante en la actualidad es el modelo orientado a objetos, que surgió posteriormente y que difiere con respecto al modelo E-R en que en él no solo se representan los elementos de datos, sino también las operaciones o métodos aplicables sobre esos elementos de datos.

Modelos de datos lógicos

Los modelos de datos lógicos se emplean para crear un esquema lógico que represente la estructura de la base de datos que se va a crear. El esquema lógico se crea a partir del esquema conceptual obtenido en la fase previa de diseño conceptual y, para ello, se aplican sobre el esquema conceptual una serie de reglas de transformación que son diferentes dependiendo del tipo de base de datos que se vaya a utilizar. Así, cronológicamente han existido a lo largo de la historia las bases de datos jerárquicas, en red, las relacionales y las orientadas a objetos, por lo que podemos hablar de cuatro modelos de datos lógicos: el modelo jerárquico, el modelo en red, el modelo relacional y el orientado a objetos. El más empleado en la actualidad es el modelo relacional, al que se dedica la presente obra.

Recientemente han surgido nuevos modelos de bases de datos conocidos con el nombre de bases de datos NoSQL o bases de datos no relacionales, con el objetivo de dar respuesta al manejo de grandes volúmenes de datos que circulan por Internet a gran velocidad y con formatos muy variados (vídeo, texto, etc.). En este contexto, es posible distinguir nuevos modelos de bases de datos como las bases de datos clave-valor, las documentales, las de columnas o las basadas en grafos. El estudio de estos modelos de datos no es objeto del presente libro.

Modelo jerárquico

En el modelo de datos jerárquico se utilizan árboles para la representación lógica de los datos, en los que un padre (parte superior) puede tener cualquier número de hijos, pero cada hijo pertenece a un único padre. Existe en la estructura un nodo raíz que puede tener cualquier número de hijos, cada uno de los cuales a su vez puede tener cualquier número de hijos, y así sucesivamente. En la siguiente figura se muestra un diagrama de estructura de árbol con dos tipos de registros: departamento y empleado, donde en un departamento pueden trabajar varios empleados. También se puede ver en la figura una posible instancia de la base de datos.

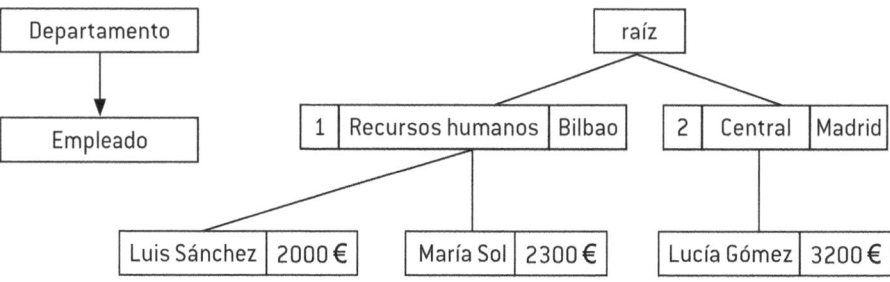

Figura 1.3. Esquema de una base de datos jerárquica.

Modelo en red

El modelo de datos en red se basa en la utilización de una estructura no lineal en la que cada registro hijo puede tener más un nodo padre. Las entidades se representan como nodos de un grafo y las asociaciones o interrelaciones entre estas, mediante los arcos que unen dichos nodos. Un conjunto es una relación entre dos o más tipos de registros, que permite la navegación entre los registros.

El modelo en red más extendido es el Codasyl. En la siguiente figura se muestra un ejemplo de representación de la información en este modelo de datos.

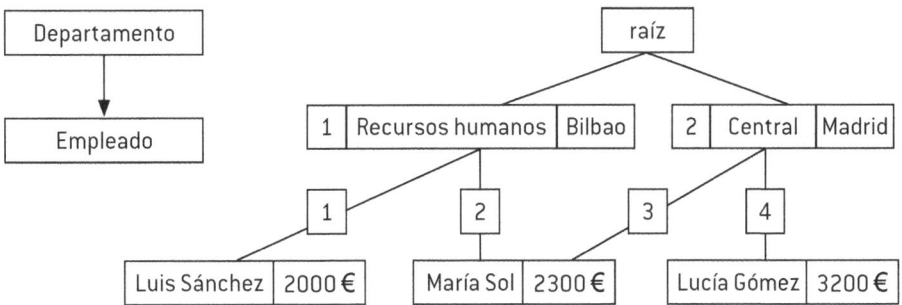

Figura 1.4. Esquema de una base de datos en red.

Modelo relacional

El modelo relacional es posterior a los dos modelos anteriores (jerárquico y en red) y fue desarrollado por Codd en 1970. En el modelo relacional se emplean tablas para la representación lógica de los datos y las relaciones entre ellos.

Se llama tupla a cada fila de la tabla y campo o atributo a cada columna de la tabla. Una clave es un atributo o conjunto de atributos que identifica de manera única a cada tupla. En la siguiente figura se representa la información que se podría almacenar en una base de datos relacional que contiene información sobre los departamentos de que consta una empresa y los empleados que trabajan en ella.

Departamento

NumDep	NomDep	LocDep
1	Recursos humanos	Bilbao
2	Central	Madrid

Empleado

NomEmp	SalEmp	NumDep
Luis Sánchez	2000 €	1
María Sol	2300 €	1
Lucía Rodríguez	3200 €	2

Figura 1.5. Esquema de una base de datos relacional con datos.

El modelo relacional es el modelo más empleado en la actualidad, por lo que es el que se va a estudiar en detalle en el presente libro. Algunos SGBD relaciones comerciales son Oracle, SQL Server, MySQL, PostgreSQL, etcétera.

Modelo orientado a objetos

Este modelo está basado en el paradigma de los lenguajes de programación orientados a objetos, que en este momento son ampliamente utilizados en el ámbito del desarrollo de *software.* La diferencia de este modelo en relación con los precedentes es que en él no solo se representan los elementos de datos, sino también las operaciones o métodos aplicables sobre esos elementos de datos.

Modelos de datos físicos

La última fase del diseño de una base de datos es el diseño físico, que consiste en crear en un sistema gestor de bases de datos (SGBD) concreto todos los elementos de que consta la base de datos. Si se trata de una base de datos relacional, como la mayoría de las que se emplean hoy en día, implicaría crear tablas, índices, vistas, etcétera.

La creación de todos estos elementos se puede llevar a cabo de dos maneras: empleando asistentes con facilidades gráficas o mediante el empleo del lenguaje de definición de datos (DDL) que proporcione el SGBD que se esté utilizando. Por esto, en función del SGBD que se emplee, esta tarea se llevará a cabo de distinta forma.

Una base de datos relacional consta siempre de una o varias tablas, que son los elementos más importantes de que consta una base de datos. Para crear estas tablas mediante el DDL SQL se emplea la instrucción CREATE TABLE. Para cada tabla será necesario indicar cada uno de los atributos de que consta. A su vez, por cada uno de estos será necesario especificar:

- El nombre del atributo.

- El tipo de dato del atributo (numérico entero, numérico real, cadena de caracteres de longitud fija, cadena de caracteres de longitud variable, fecha, etcétera).

- Las restricciones asociadas al atributo, si es el caso (clave primaria, clave ajena, valor único, restricciones de usuario, etcétera).

1.3.6. Independencia de los datos

Una de las ventajas de las bases de datos en relación con los sistemas tradicionales de ficheros es que proporcionan independencia de los datos. Esta independencia se puede definir a dos niveles:

- Independencia física: se refiere a la posibilidad de modificar el esquema físico de la base de datos (ubicación de la base de datos, índices, etc.) sin que se tengan que volver a escribir los programas de aplicación que actúan sobre la base de datos. Las modificaciones en el nivel físico son necesarias a veces con el fin de mejorar el rendimiento del sistema.

- Independencia lógica: se refiere a la posibilidad de modificar el esquema conceptual de la base de datos sin necesidad de reescribir los programas de aplicación. A veces es necesario realizar modificaciones en el esquema conceptual, como añadir o eliminar atributos a una entidad o crear nuevas entidades. Esta independencia es más difícil de conseguir que la independencia física.

1.3.7. Lenguaje de definición de datos

El SGBD debe proporcionar los medios necesarios para que el administrador de la base de datos pueda especificar los elementos de datos que la integran, su estructura y las relaciones que existen entre ellos, las reglas de integridad y de confidencialidad, así como las características de tipo físico y las vistas de los usuarios. Esta función, que se lleva a cabo mediante el empleo de un lenguaje de definición de datos (DDL: *Data Definition Language*) debe suministrar, por tanto, los medios necesarios para definir las estructuras física, lógica global y externas, correspondientes a cada uno de los niveles de la arquitectura ANSI/X3/SPARC. Cuando se emplea un DDL para definir los elementos que integran la base de datos, se deben definir objetos como tablas, vistas, índices, disparadores, procedimientos, funciones, etc. Los DDL dan la posibilidad de crear estos elementos (mediante sentencias del tipo CREATE), modificar su definición (mediante sentencias del tipo ALTER) y eliminarlos (mediante sentencias DROP y TRUNCATE).

1.3.8. Lenguaje de manejo de bases de datos. Tipos

El SGBD debe proporcionar los medios necesarios para permitir a los usuarios consultar y actualizar los datos almacenados en la base de datos. La actualización de una base de datos puede implicar tres tipos de operaciones:

- Inserción o adición de nuevos datos, por ejemplo, añadir los datos de un nuevo artículo que vende la empresa.

- Borrado o eliminación, por ejemplo, eliminar los datos de un artículo que la empresa ha dejado de vender.

- Modificación, por ejemplo, el cambio del precio de un determinado artículo.

Esta función de manipulación se llevará a cabo por medio de un lenguaje de manipulación de datos (DML: *Data Manipulation Language*). Estos lenguajes deben permitir, por tanto, realizar operaciones de consulta (SELECT), inserción (INSERT), borrado (DELETE) y modificación (UPDATE).

Los lenguajes de manipulación de datos se pueden clasificar atendiendo a diferentes criterios:

- Según la posibilidad de emplear el DML de manera independiente o no, podemos hablar de lenguajes huésped, autocontenidos o duales. Los DML huésped son aquellos cuyas instrucciones de manipulación de datos deben embeberse en otro lenguaje de programación (lenguaje anfitrión). Los DML autocontenidos, por su parte, son lenguajes autosuficientes que pueden ser empleados por usuarios con pocos conocimientos de programación para, desde un terminal y de un modo interactivo, acceder a la base y manipular los datos almacenados en ella sin necesidad de apoyarse en un lenguaje de programación. Los lenguajes, como el SQL, que pueden operar como huésped o como autocontenido, reciben el nombre de lenguajes duales.

- Según el detalle con el que sea preciso especificar el procedimiento para acceder a los datos y consultarlos o actualizarlos, tenemos lenguajes muy procedimentales o poco procedimentales. En el primer caso, es preciso especificar detalladamente dicho procedimiento; en el caso de los poco procedimentales, sin embargo, basta con indicar qué operación se desea llevar a cabo, obviando el cómo realizarlo, el algoritmo. Los lenguajes orientados a usuarios con pocos conocimientos informáticos deben ser poco procedimentales.

- Según la manera de recuperar y/o actualizar los datos, podemos distinguir entre lenguajes de especificación y lenguajes navegacionales. En el primer caso, cada sentencia del DML puede recuperar o actualizar un conjunto de registros que satisfagan un criterio de selección especificado; en el caso de los lenguajes navegacionales, cada sentencia recupera o actualiza un solo registro, siendo el programador el encargado de indicar el camino que se debe recorrer hasta llegar al registro buscado.

1.3.9. El sistema de gestión de la base de datos (SGBD/DBMS). Funciones

Un sistema de gestión de bases de datos (SGBD), en inglés *Database Management System* (DBMS), es una colección de programas que facilitan la labor de gestionar la base de datos en su conjunto. En general, como indican Oltra, Albert y Vericat (2006), "el SGBD se encargará de gestionar el correcto funcionamiento interno de la base de datos, en lo que se refiere al control de la concurrencia y de la integridad, además de facilitar a los usuarios la creación, el mantenimiento y, en ocasiones, el diseño de dicha base de datos".

Como indican Oltra, Albert y Vericat (2006), según la mayoría de los autores, existe una serie de requisitos que debe cumplir un SGBD para que pueda denominarse así:

* Facilitar el acceso a los datos: el SGBD debe disponer de mecanismos sencillos para que los usuarios con escasos o nulos conocimientos de su funcionamiento interno puedan acceder a los datos, consultarlos y manipularlos.

* Controlar la consistencia y la integridad de los datos: el SGBD debe ofrecer las opciones necesarias para que el diseñador de la base de datos introduzca cuantas restricciones de integridad sean precisas y hacer que estas se cumplan, además de asegurar la consistencia de los datos.

* Controlar la seguridad de la base de datos: el SGBD deberá ocuparse de controlar la seguridad de los datos, posibilitando la realización de copias de seguridad, facilitando los mecanismos de recuperación de dichas copias y la gestión de usuarios con sus respectivos permisos de acceso y actuación, entre otros mecanismos.

* Controlar la concurrencia: el SGBD gestionará adecuadamente los accesos simultáneos a los datos, así como las operaciones que, por diversos motivos, no puedan ser realizadas simultáneamente.

* Facilitar la administración de la base de datos y del propio SGBD: el diseño de la base de datos puede estar sujeto a cambios, de manera que el SGBD debe facilitar las operaciones destinadas a modificar dicho diseño, e incluso el propio funcionamiento del SGBD.

1.3.10. El administrador de la base de datos (DBA). Funciones

El administrador de la base de datos (DBA) es el máximo responsable del correcto funcionamiento de la base de datos y tendrá encomendadas las siguientes funciones:

- Definir el esquema conceptual: una vez que el administrador de datos decide el contenido de la base de datos en un nivel abstracto, es el DBA el que debe crear el esquema conceptual correspondiente, estableciendo las entidades que interesan a la empresa, la información que debe registrarse acerca de cada una de las entidades, las relaciones entre las mismas, etcétera.

- Definir el esquema interno: el DBA debe definir cómo se representará y almacenará la información en la base de datos, creando el esquema interno y llevando a cabo la tarea conocida como diseño físico, consistente en crear en un SGBD concreto todos los elementos de que consta la base de datos y estableciendo las características de tipo físico necesarias para el correcto funcionamiento de la base de datos.

- Vincularse con los usuarios: el DBA se debe comunicar con los usuarios de la base de datos, garantizando la disponibilidad de los datos que estos requieran y escribiendo (o ayudando a los usuarios a escribir) los esquemas externos necesarios. Otros aspectos relacionados con esta función de enlace son la de formar a los usuarios de la base de datos, proporcionar ayuda en la localización y resolución de problemas, participar y/o ayudar en el diseño de aplicaciones que accedan a la base de datos, etcétera.

- Definir las verificaciones de seguridad e integridad: será el DBA el encargado de especificar las restricciones de integridad que se deberán cumplir en la base de datos para garantizar que esta refleje de modo adecuado la parte del mundo real que se pretende modelar. También será su tarea garantizar la seguridad de la base de datos, para lo cual deberá asignar a cada usuario de la base de datos un nombre de usuario y contraseña, crear el usuario correspondiente y asignarle los permisos de acceso a los objetos de la base de datos que le deban corresponder de acuerdo con su perfil. Es de destacar que no todos los usuarios de la base de datos podrán realizar cualquier operación sobre cualquier objeto de la misma, siendo tarea del DBA establecer la correspondiente política de permisos.

- Definir procedimientos de respaldo y recuperación: en caso de que alguna porción de la base de datos sufra algún daño (por un fallo humano, un fallo en el equipo, etc.), es necesario que sea posible reparar los datos implicados con un mínimo de retraso y afectando lo menos posible al resto del sistema. Así, por ejemplo, la disponibilidad de los datos no dañados no debería verse afectada. Pues bien, el DBA en estos casos debe poner en marcha planes de recuperación adecuados, para lo cual una de las tareas que deberá llevar a cabo periódicamente es la realización de copias de seguridad con el fin de poder restaurarlas en estos casos.

- Supervisar el desempeño y responder a cambios en los requerimientos: el DBA es responsable de organizar el sistema de modo que sea lo más eficiente posible. Para ello, deberá monitorizar el sistema con el fin de comprobar y realizar los ajustes adecuados cuando el rendimiento no llegue al deseado y/o cuando haya modificaciones en los requisitos de los usuarios.

1.3.11. Usuarios de la base de datos

Los usuarios de una base de datos se pueden clasificar en los distintos tipos que se indican a continuación:

- Usuarios informáticos: tienen a su cargo las tareas de creación, mantenimiento de la base de datos y realización de los procedimientos y programas que necesiten los usuarios no informáticos. Entre los usuarios informáticos distinguimos:

  — Diseñadores: deben determinar los datos que han de estar contenidos en la base de datos (esquema lógico global o conceptual) y plasmar el punto de vista de los usuarios en los esquemas externos más adecuados para estos. También deben transformar las estructuras lógicas en las estructuras físicas que proporcionen la mayor eficiencia de cara a la máquina.

  — Administradores (DBA): son los encargados de asegurar la confidencialidad, disponibilidad e integridad de los datos. A veces los administradores también tienen encargada la tarea de diseño.

  — Analistas y programadores: desarrollan procedimientos y programas para facilitar su trabajo a los usuarios finales.

- Usuarios no informáticos: son aquellos usuarios sin excesivos conocimientos informáticos más allá de la utilización del sistema, que tienen que acceder a los datos porque los necesitan para llevar a cabo su actividad. Podemos distinguir:

  — Usuarios habituales o avanzados: suelen hacer consultas y actualizaciones como parte habitual de su trabajo, por lo que pueden emplear programas desarrollados por analistas y/o programadores o lenguajes sencillos para acceder directamente a la base de datos.

  — Usuarios esporádicos o finales: solo disponen de formación para utilizar las aplicaciones creadas por analistas y/o programadores y, por tanto, acceden a la base de datos exclusivamente por medio de dichas aplicaciones.

1.3.12. Estructura general de la base de datos. Componentes funcionales

Los componentes principales de un SGBD son los que se exponen a continuación:

- Herramientas de gestión: como indican Oltra, Albert y Vericat (2006), todos los SGBD disponen de herramientas de gestión para poder crear las bases de datos, manipularlas, modificar su diseño, crear usuarios y asignar permisos, etcétera.

- Herramientas de programación: estas herramientas posibilitan la creación de programas que accedan a los datos y los manipulen para su uso por parte de usuarios que no puedan o deban trabajar directamente con el SGBD.

- Lenguajes: los SGBD proporcionan lenguajes que se pueden clasificar del siguiente modo:

  — Lenguajes de definición de datos, ya explicados en la sección 1.3.7.

  — Lenguajes de manipulación de datos, ya explicados en la sección 1.3.8.

  — Lenguajes de control de datos: estos deben permitir al administrador de la base de datos realizar tareas como crear, eliminar y modificar usuarios, conceder y retirar permisos sobre los distintos objetos de la base de datos, realizar y restaurar copias de seguridad, etcétera.

- El diccionario de datos: contiene toda la información sobre los datos almacenados en la base de datos. Así, contendrá las definiciones de todos los objetos de la base de datos (tablas, vistas, índices, disparadores, procedimientos, funciones, etc.), información acerca de restricciones de integridad, información sobre privilegios y roles de los diferentes usuarios de la base de datos, información sobre los accesos a los objetos, etcétera.

1.3.13. Arquitectura de sistemas de bases de datos

Según la ubicación de los componentes de un SGBD, podemos hablar en general de dos tipos de sistemas: los centralizados y los distribuidos.

En los sistemas centralizados todo el SGBD se encuentra ubicado en una sola máquina.

En los sistemas distribuidos el SGBD se divide en diversas partes, cada una de las cuales puede estar ubicada en un ordenador diferente. Este tipo de sistemas presenta diferentes variantes, de las cuales las más usuales son la arquitectura cliente/servidor y las bases de datos distribuidas.

Arquitectura cliente/servidor

Los sistemas de bases de datos con arquitectura cliente/servidor presentan el SGBD dividido en dos partes:

- El servidor, que es la parte principal del SGBD, la que gestiona la base de datos. El servidor, que normalmente contiene los datos de la base de datos, se encarga de aceptar las peticiones de los clientes, procesarlas y devolver los resultados.

- El cliente, que es la parte que utilizan los usuarios y las aplicaciones.

Normalmente hay una máquina servidora y varios clientes conectados en red, donde los clientes solicitan servicios al servidor. El *software* de gestión de datos, es decir, el que lleva a cabo la manipulación de los datos, reside normalmente en el servidor. Por otro lado, el *software* de interacción con el usuario (GUI) y el de desarrollo suelen encontrarse en los clientes.

Bases de datos distribuidas

Una base de datos distribuida es aquella en la que los datos están repartidos entre diferentes máquinas. Se trata en realidad de un conjunto de máquinas o nodos conectados entre sí mediante una red, en el que cada nodo es un sistema de base de datos en sí mismo (con una UCP, un SGBD y una serie de terminales), pero los diferentes nodos han convenido en trabajar conjuntamente con el fin de que un usuario de cualquier máquina pueda tener acceso a los datos de cualquier otra como si todos los datos estuvieran almacenados en el propio nodo del usuario.

Puede ocurrir que algunos datos estén repetidos en diferentes máquinas, en cuyo caso se dice que la información está replicada. Incluso podría darse el caso de que toda la base de datos estuviese replicada.

El principio fundamental de las bases de datos distribuidas es que desde el punto de vista del usuario, un sistema distribuido debe ser idéntico a un sistema no distribuido o centralizado, es decir, los usuarios deben poder comportarse igual que si el sistema no fuese distribuido. Todos los problemas de los sistemas distribuidos (ubicación de la información, réplicas, etc.) deben ser transparentes al usuario. Esto quiere decir que, por ejemplo, la consulta de datos no locales (ubicados en otro nodo) se debe poder llevar a cabo igual que si los datos fuesen locales.

2. Modelos conceptuales de bases de datos

Contenido

2.1. El modelo Entidad-Relación

El modelo de datos más empleado en la actualidad para llevar a cabo el diseño, o modelado conceptual, de bases de datos es el modelo Entidad-Interrelación, más conocido como modelo Entidad-Relación, o modelo E-R. Este modelo fue propuesto por Peter Chen en 1976. Posteriormente otros autores realizaron aportaciones al modelo básico propuesto por Chen, dando lugar a lo que se denomina el modelo extendido Entidad-Relación. En esta sección se expondrá el modelo básico propuesto por Chen, dejando para una sección posterior las extensiones propuestas por otros autores.

Los elementos fundamentales del modelo E-R son las entidades, las interrelaciones, o relaciones, y los atributos.

2.1.1. Entidad

Podemos definir una entidad como cualquier objeto sobre el que se desea almacenar información en la base de datos. Por ejemplo, si queremos desarrollar una base de datos para gestionar la información de una biblioteca, podrían ser entidades los libros, los autores, las editoriales, etcétera.

Se llama ocurrencia de una entidad a cada una de las realizaciones concretas de esa entidad en el mundo real o a cada instancia de esa entidad. Así, por ejemplo, una ocurrencia de la entidad *Libro* podría ser el libro titulado *Diseño de bases de datos relacionales*.

2.1.2. Interrelaciones: tipo de correspondencia, rol y grado

Una relación, o interrelación, se puede definir como una asociación o correspondencia entre entidades. Así, si tenemos dos entidades *Empleado* y *Departamento*, se podría establecer una relación entre ellas llamada *trabaja* para reflejar qué empleados trabajan en cada departamento.

Toda relación tiene las siguientes características:

- Nombre: toda relación debe tener un nombre único en el esquema E-R.

- Grado: hace referencia al número de entidades que participan en una relación. En función del grado, las relaciones se pueden clasificar en:

    — Relaciones binarias o de grado 2: son aquellas que relacionan dos entidades. Así, la relación *trabaja* que se establece entre un empleado y el departamento en el que trabaja es una relación binaria.

— Relaciones reflexivas o de grado 1: son aquellas que relacionan una entidad consigo misma. Así, la relación *es jefe de* que se establece entre un empleado y su empleado jefe es una relación reflexiva.

— Relaciones ternarias, cuaternarias..., o de grado 3, 4...: son aquellas que relacionan tres, cuatro..., entidades respectivamente. Así, la relación *imparte* que se establece entre un profesor, las asignaturas que imparte y el/los grupo/s al/a los que imparte cada asignatura es una relación ternaria.

Las relaciones más habituales son las binarias, y a continuación las reflexivas. Sin embargo, las relaciones de grado superior a 2 son bastante escasas.

• Tipo de correspondencia: hace referencia al número máximo de ocurrencias de una entidad que pueden estar asociadas con una ocurrencia de la otra entidad participante en la relación. El tipo de correspondencia para las relaciones reflexivas y binarias puede ser:

— 1:1: se da cuando cada ocurrencia de una entidad solo puede estar asociada como máximo con una ocurrencia de la otra entidad. Por ejemplo, la relación *dirige* que se establece entre un director y el instituto que dirige es una relación 1:1 porque un director dirige un instituto y un instituto solo tiene un director. La relación *está casada con* que se establece entre una persona y la persona con la que está casada, también es 1:1 porque una persona solo puede estar casada como máximo con una persona.

— 1:N: se da cuando una ocurrencia de una entidad puede estar asociada con varias ocurrencias de la otra entidad, mientras que una ocurrencia de la otra entidad solo puede estar asociada con una ocurrencia de la primera. Por ejemplo, la relación *trabaja* que se establece entre un empleado y el departamento en el que trabaja es de tipo 1:N porque en un departamento trabajan varios empleados, pero un empleado trabaja en un solo departamento. La relación *es jefe de* que se establece entre un empleado y su jefe directo también es 1:N si consideramos que un empleado puede ser jefe de varios empleados, pero un empleado tiene un solo jefe.

— N:M: se da cuando una ocurrencia de una entidad puede estar asociada con varias ocurrencias de la otra entidad y cada ocurrencia de la otra entidad también puede estar asociada con varias ocurrencias de la primera. Por ejemplo, la relación *incluye* que se establece entre un pedido y los artículos que incluye es de tipo N:M porque en un pedido se incluyen varios artículos y un artículo puede ser solicitado en varios pedidos.

La relación *se compone de* que se establece entre una pieza y las piezas de que se compone también es N:M porque una pieza se puede descomponer en varias piezas y, a su vez, una pieza puede aparecer como componente de varias piezas.

- Rol: para toda relación se puede indicar opcionalmente el rol que desempeña en la misma cada una de las entidades participantes en la relación. Los roles se suelen especificar más que nada en las relaciones reflexivas. Así, por ejemplo, en la relación *es jefe de* que se establece entre un empleado y su jefe directo, uno de los empleados desempeñaría el rol de jefe y el otro el rol de subordinado. En el caso de la relación *se compone de* que se establece entre una pieza y las piezas de que se compone, una pieza desempeñaría el rol de componente y la otra de subcomponente.

2.1.3. Atributos

Podemos definir atributo como cada una de las características o propiedades de una entidad o de una relación. Así, por ejemplo, la entidad *Libro* puede tener los atributos código, ISBN, título, número de páginas, etc. Una entidad llamada *Persona* podría tener los atributos NIF, nombre, dirección, sexo, teléfono, etcétera.

Para una ocurrencia de una entidad, cada atributo solo puede tomar un valor. Por ejemplo, puede haber una ocurrencia para la entidad *Persona* que tome el valor 12345678A para el atributo NIF, nombre Luis Pérez Rupérez, dirección C/Mayor, 15 2º A, Bilbao, sexo V y teléfono 689989898.

2.1.4. Dominios y valores

El dominio de un atributo se puede definir como el conjunto de valores que puede tomar ese atributo. Así, por ejemplo, el dominio para el atributo *ISBN* de la entidad *Libro* puede ser una cadena de trece caracteres, mientras que el dominio para el atributo *Sexo* de la entidad *Persona* puede incluir solo los valores 'V' (para hacer referencia a varón) y 'M' (para hacer referencia a mujer).

2.1.5. Propiedades identificatorias

En cuanto a sus propiedades identificatorias, podemos tener los siguientes tipos de atributos:

- Atributo identificador candidato (AIC): es aquel atributo o conjunto de atributos que permite identificar unívocamente cada ocurrencia de la entidad correspondiente. Por ejemplo, para la entidad *Libro* podría ser atributo identificador candidato el ISBN porque no existen dos libros con el mismo ISBN y, por tanto, el ISBN sirve para identificar sin equivocación posible a cada libro.

- Atributo identificador principal (AIP): es aquel atributo identificador candidato seleccionado para identificar a cada ocurrencia de la entidad. Si solo hay un AIC, ese es el único posible AIP. En nuestro ejemplo, el ISBN sería el AIP de la entidad *Libro*.

- Atributo identificador alternativo (AIA): es aquel atributo identificador candidato no elegido como atributo identificador principal.

2.1.6. Diagramas Entidad-Relación. Simbología

Una entidad se representa mediante un rectángulo en el interior del cual se coloca el nombre de la entidad en cuestión. Por ejemplo, la entidad *Libro* se representaría así:

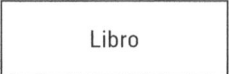

Figura 2.1. Representación gráfica de una entidad.

Una relación se representa mediante un rombo con el nombre de la relación en su interior y desde el que salen líneas que lo unen a las entidades participantes en la relación. Se debe indicar al lado del rombo que representa la relación su tipo de correspondencia. Así, la relación binaria 1:N *trabaja* que se establece entre un empleado y el departamento en el que trabaja se puede representar así:

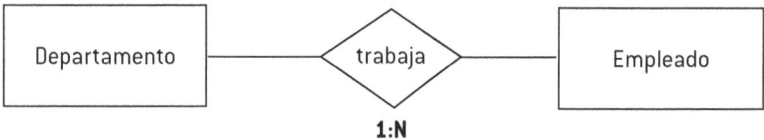

Figura 2.2. Relación 1:N binaria.

Por su parte, la relación reflexiva 1:1 *está casada* que se establece entre una persona y la persona con la que está casada, se puede representar así:

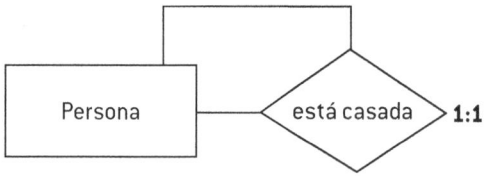

Figura 2.3. Relación 1:1 reflexiva.

Los dominios se suelen representar mediante un óvalo o círculo con el nombre del mismo en su interior y el nombre del atributo en cuestión sobre la línea que une el óvalo o círculo con el rectángulo correspondiente a la entidad. No obstante, dado que esta representación haría que los esquemas E-R fuesen excesivamente densos y poco comprensibles, lo que se suele hacer es colocar en el interior del óvalo o círculo el nombre del atributo y omitir el nombre del dominio. En otros casos, se dibuja un pequeño círculo unido mediante una línea al rectángulo de la entidad, al lado del cual se escribe el nombre del atributo.

Existen diferentes maneras de representar en un esquema E-R los atributos identificadores principales y alternativos:

- Cuando se representan los nombres de los atributos en el interior de un óvalo o círculo, los nombres de los AIP se subrayan con trazado continuo y los nombres de los AIA se subrayan con trazado discontinuo.

- Cuando se usa un pequeño círculo para cada atributo, el círculo se representa relleno de color negro para los AIP, y la mitad del círculo de color negro para los AIA.

Se muestran a continuación de dos maneras alternativas un diagrama Entidad-Relación que representa los pedidos realizados a una empresa (identificados por su número) y los artículos solicitados en los mismos (identificados por su código). Se considera que el atributo *DesArt* (descripción de un artículo) es único y, por tanto, atributo identificador alternativo (AIA).

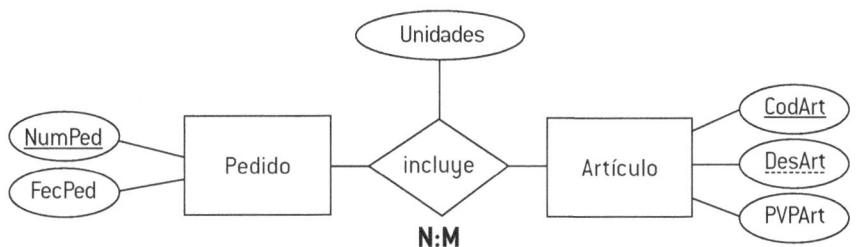

Figura 2.4. Representación de atributos

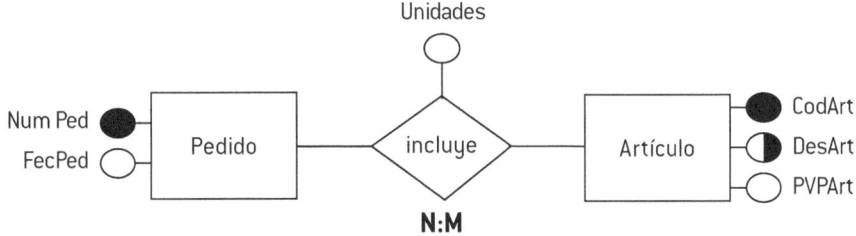

Figura 2.5. Representación de atributos alternativa

2.2. El modelo Entidad-Relación extendido

Diversos autores han propuesto extensiones interesantes al modelo E-R básico propuesto por Peter Chen, dando lugar al modelo E-R extendido. Se estudian en este apartado las extensiones de mayor relevancia.

2.2.1. Cardinalidad de las relaciones

Las cardinalidades mínima y máxima de las entidades intervinientes en una relación se definen como el número mínimo y máximo de ocurrencias de una entidad que pueden estar relacionadas con una ocurrencia de la otra entidad. Las cardinalidades se representan por medio de las etiquetas (0,1), (1,1), (0,n) o (1,n) sobre la línea que une a cada entidad con el rombo que representa la relación. Cuando la cardinalidad es (0,n) o (1,n) se suele dibujar una punta de flecha sobre la línea que une a la relación con la entidad correspondiente. Además, cuando se indican cardinalidades, se pueden omitir los tipos de correspondencia 1:1, 1:N o N:M, los cuales se pueden deducir fácilmente de las cardinalidades. El tipo de correspondencia de una relación se puede determinar sencillamente tomando el número o letra correspondiente a la cardinalidad máxima existente a cada lado de la relación. Así, si en un lado las cardinalidades son (0,1), tomamos el 1; si en el otro lado, las cardinalidades son (1,n), tomamos la n; por tanto, el tipo de correspondencia será 1:N. Si en un lado las cardinalidades son (0,n) y en el otro, (1,n), el tipo de correspondencia, al tomar dos veces la n, será N:M.

En el ejemplo de la siguiente figura, el (1,n) al lado de la entidad *Artículo* indica que un pedido incluye como mínimo un artículo (1) y como máximo muchos (n), mientras que el (0,n) al lado de la entidad *Pedido* significa que un artículo puede no estar incluido en ningún pedido (0) o puede estar incluido en varios (n).

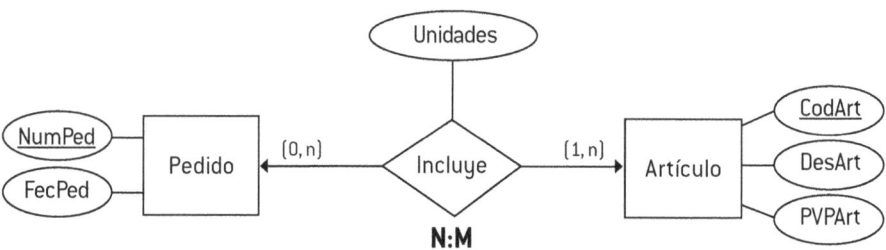

Figura 2.6. Representación de cardinalidades en una relación binaria N:M.

En el ejemplo de la Figura 2.7, en el que hay una relación reflexiva, el (0,1) quiere decir que un empleado tiene 0 o un jefe. No tendrá ninguno si es el "jefe supremo de la empresa", es decir, si no tiene a nadie por encima en la jerarquía de empleados de la empresa; uno, en cualquier otro caso. Por su parte, el (0,n) quiere decir que un empleado puede tener 0 o muchos subordinados. No tendrá ningún subordinado si no es jefe en la empresa, y si lo es, puede tener muchos subordinados.

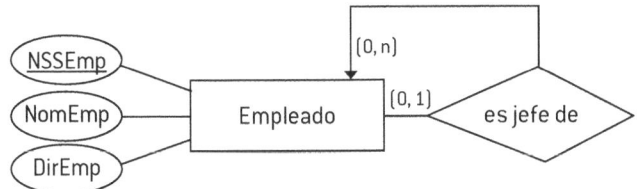

Figura 2.7. Representación de cardinalidades en una relación reflexiva 1:N.

En el ejemplo de la Figura 2.8, un (0,n) significa que una pieza puede no descomponerse en otras o bien descomponerse en varias. No se descompondrá en ninguna si no es posible dividirla en piezas más pequeñas, es decir, si es indivisible. El otro (0,n) significa que una pieza puede ser componente o subordinada, como mínimo, de ninguna (si no forma parte de ninguna otra pieza superior a ella), o, como máximo, de varias, en el caso de que esta pieza sea componente de varias piezas.

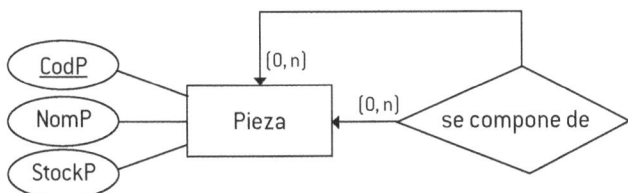

Figura 2.8. Representación de cardinalidades en una relación reflexiva N:M.

Para el caso concreto de las relaciones con grado mayor que 2 (relaciones ternarias, cuaternarias, etc.), las cardinalidades se obtienen de manera diferente. Consideremos la relación ternaria de la Figura 2.9 entre las entidades *Suministrador*, *Proyecto* y *Componente*. Esta relación nos indica los componentes que proporciona cada suministrador para cada proyecto que lleva a cabo una empresa. El cálculo de las cardinalidades se lleva a cabo considerando una ocurrencia de cada par de entidades y determinando con cuántas ocurrencias de la otra entidad puede estar relacionado ese par como mínimo y como máximo. Así, en la Figura 2.9 :

- El (0,n) al lado de *Suministrador* quiere decir que para un proyecto en concreto un componente puede ser proporcionado por ningún suministrador o por muchos.

- El (0,n) al lado de *Proyecto* indica que un suministrador un componente determinado puede que no lo suministre a ningún proyecto, a uno o incluso a muchos.

- El (0,n) al lado de *Componente* indica que un suministrador a un proyecto puede no proporcionarle ningún componente o muchos.

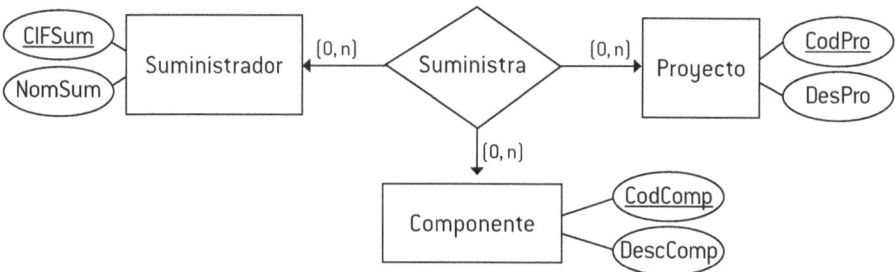

Figura 2.9. Representación de cardinalidades en una relación ternaria.

En el caso de las relaciones ternarias, las cardinalidades mínimas son casi siempre 0. Así, por ejemplo, la cardinalidad mínima al lado de *Suministrador* debe ser 0 porque no existirá suministrador para todas las posibles parejas de proyecto-componente existentes en la base de datos, pues un proyecto no requerirá el suministro de todos los componentes disponibles en la base de datos, sino solo de algunos, en cuyo caso sí se deberá disponer de algún suministrador.

El tipo de correspondencia en el caso de las relaciones ternarias puede tomar uno de los siguientes valores:

- N:M:P, en caso de que las tres cardinalidades máximas sean n.

- N:M:1, en caso de que dos de las cardinalidades máximas sean n y la otra sea 1.

- N:1:1, en caso de que una de las cardinalidades máximas sea n y las dos otras sean 1.

- 1:1:1, en caso de que las tres cardinalidades máximas sean 1.

2.2.2. Entidades fuertes y débiles

Aunque hasta ahora solo hemos hablado de entidades como tal, puede haber dos tipos de ellas:

- Entidades regulares o fuertes son aquellas para las cuales las ocurrencias de la entidad tienen existencia propia. Una entidad regular se representa como se he hecho hasta ahora, es decir, mediante un rectángulo en el interior del cual se coloca el nombre de la entidad en cuestión.

- Entidades débiles son aquellas para las cuales la existencia de una ocurrencia de la entidad débil depende de la existencia de una ocurrencia de la entidad regular de la que depende, de manera que, si desaparece una ocurrencia de la entidad regular, desaparecerán automáticamente todas las ocurrencias de la entidad débil dependiente. Por ejemplo, la entidad *Libro* es una entidad regular, mientras que la entidad *Ejemplar* (ejemplar de libro) es una entidad débil que depende de la entidad *Libro* porque la existencia de un ejemplar de un libro depende de que exista el libro correspondiente. Una entidad débil se representa mediante dos rectángulos concéntricos en el interior de los cuales se coloca el nombre de la entidad en cuestión. Por ejemplo, la entidad *Ejemplar* se representa así:

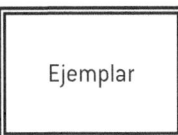

Figura 2.10. Representación gráfica de una entidad débil.

Por otro lado, las relaciones pueden ser de dos clases en función del tipo de entidades que asocian:

• Relaciones regulares: son aquellas que asocian entidades regulares.

• Relaciones débiles: son aquellas que asocian una entidad débil con la entidad regular de la que depende. De esto se puede deducir que una relación entre una entidad débil y una entidad regular, tal que la entidad regular no es aquella de la que depende la débil, se considera una relación regular.

Las relaciones débiles se representan frecuentemente por medio de dos rombos concéntricos, y la cardinalidad al lado de la entidad regular es casi siempre (1,1). Pues bien, estas relaciones débiles pueden ser de dos tipos:

• Dependencia en identificación: se da este tipo de dependencia cuando la identificación de las ocurrencias de la entidad débil no se puede llevar a cabo con sus propios atributos, sino que se requiere para ello del AIP de la entidad regular correspondiente. Por ejemplo, si suponemos que los números de ejemplar de cada libro son números correlativos comenzando por el 1, el número de ejemplar no es único a nivel de toda la base de datos porque para todos los libros existirá el ejemplar número 1. Sin embargo, será única la pareja de atributos ISBN y número de ejemplar. Por ello, para identificar cada ejemplar de un libro, se requiere el AIP del libro (ISBN) más un número de ejemplar (AIP de la propia entidad débil). Una dependencia en identificación se simboliza añadiendo las letras ID en el interior del doble rombo que representa la relación, y por su propia definición, la cardinalidad al lado de la entidad regular siempre debe ser (1,1). De esto se deduce que las dependencias en identificación no pueden ser relaciones con tipo de correspondencia N:M, sino solo 1:N o 1:1, si bien este último caso es muy poco frecuente.

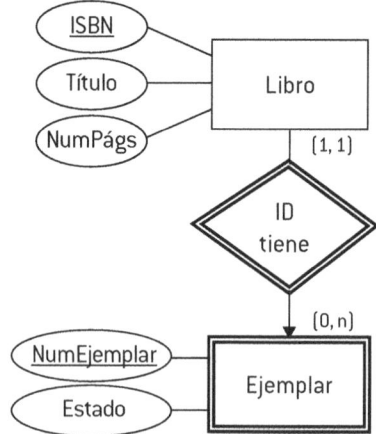

Figura 2.11. Dependencia en identificación.

- Dependencia en existencia: cuando una relación débil no es una dependencia en identificación, se trata de una dependencia en existencia, algo que es intrínseco a todas las relaciones débiles, puesto que las ocurrencias de la entidad débil solo pueden existir si existe la ocurrencia de la entidad regular de la que dependen. Por ejemplo, la entidad *Provincia* depende en existencia de la entidad *Comunidad* (comunidad autónoma), dado que los datos de una provincia solo tienen sentido si en la base de datos se almacenan los datos de la comunidad autónoma a la que pertenece la provincia, y los datos de la provincia solo se almacenarán en la base de datos mientras estén los de la comunidad autónoma correspondiente. Una dependencia en existencia se representa incluyendo la letra E en el interior del doble rombo que representa la relación.

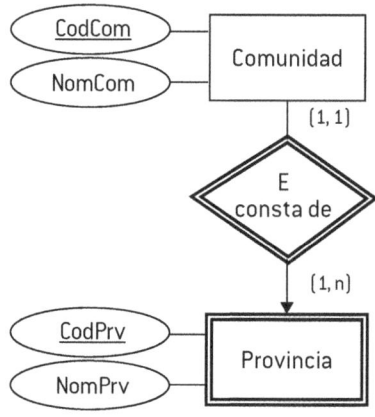

Figura 2.12. Dependencia en existencia.

2.2.3. Atributos en relaciones

Los atributos pueden pertenecer a las entidades, pero también a las relaciones. Es necesario asignar atributos a relaciones N:M en algunos casos, concretamente en aquellos en los que para cada par de ocurrencias de las entidades relacionadas es necesario registrar cierta información.

En el ejemplo de la Figura 2.6, por cada pedido realizado a la empresa y por cada artículo incluido en dicho pedido, será necesario registrar el número de unidades que se solicitan de ese artículo en ese pedido (atributo *Unidades*). Este atributo no podemos asignárselo a la entidad *Pedido* porque en un pedido se pueden solicitar varios artículos y por cada uno de ellos se puede solicitar un número de unidades distinto, y un atributo para una ocurrencia de una entidad no puede tomar varios valores. Tampoco podríamos asignárselo a la entidad *Artículo* porque un artículo se puede solicitar en varios pedidos y en cada uno de estos pedidos se pueden solicitar diferentes cantidades de ese artículo. Por tanto, el atributo *Unidades* debe ser asignado a la relación *incluye*, porque nos indica el número de unidades que se solicita por cada pareja de pedido-artículo.

En el esquema Entidad-Relación que aparece en la Figura 2.8 también sería necesario añadir un atributo a la relación N:M presente si quisiésemos saber en cuántos componentes subordinados se descompone cada componente. Este atributo *Cantidad*, que aparece en la Figura 2.13, nos indica por cada par componente superior-componente subordinado, de cuántas unidades de componente subordinado consta cada componente superior.

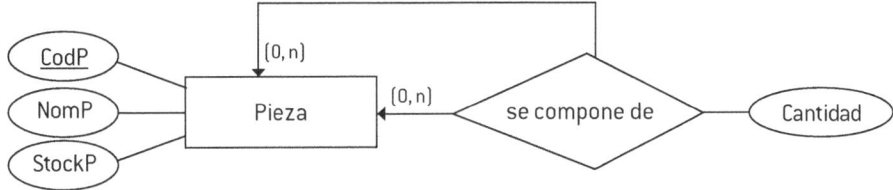

Figura 2.13. Relación N:M reflexiva con atributo.

También es posible asignar atributos a relaciones 1:1 o 1:N, pero en estos casos siempre es posible asignar el atributo también a alguna de las dos entidades participantes en la relación. Así, en el siguiente ejemplo el atributo *TiDir* (que indica el tipo de director de un departamento) se puede colocar en la relación *dirige*, pero también en la entidad *Departamento* porque todo departamento siempre tiene un director, del que es necesario conocer su tipo.

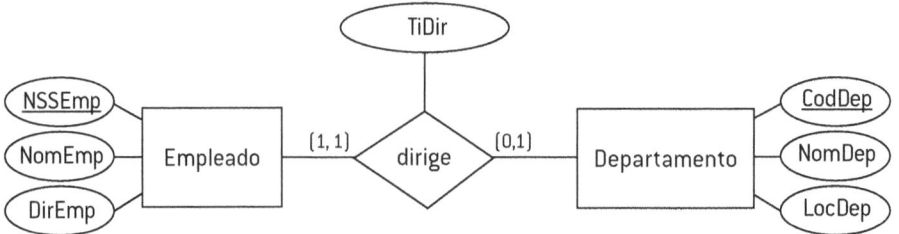

Figura 2.14. Relación 1:1 con atributo.

2.2.4. Jerarquías de tipos y subtipos

En muchas ocasiones, al analizar un universo del discurso, se detectan entidades similares que difieren en pocos atributos. En estos casos, puede ser recomendable establecer una jerarquía de tipos y subtipos por la cual se generalicen las entidades con atributos comunes (subtipos) en una entidad supertipo, la cual poseerá dichos atributos comunes. De esta forma, la entidad supertipo poseerá los atributos comunes a los subtipos, quedando para los subtipos solo los atributos específicos de cada uno de ellos. De manera similar, en el caso de las relaciones, aquellas que afectan a todos los subtipos se asocian al supertipo, dejando para los subtipos las específicas de cada uno de ellos.

Por ejemplo, en la Figura 2.15, se ha creado un supertipo para los atributos comunes a las entidades *Profesor* y *Estudiante* (*NIF, Nombre, Teléfono, Dirección*), dejando en cada subtipo los atributos propios.

Este tipo de relaciones se representa mediante un triángulo invertido que generalmente lleva la leyenda "es un" o "es una", con la base situada hacia el supertipo y unido al supertipo y a los subtipos, siendo las cardinalidades siempre (1,1) en el supertipo y (0,1) o (1,1) en los subtipos.

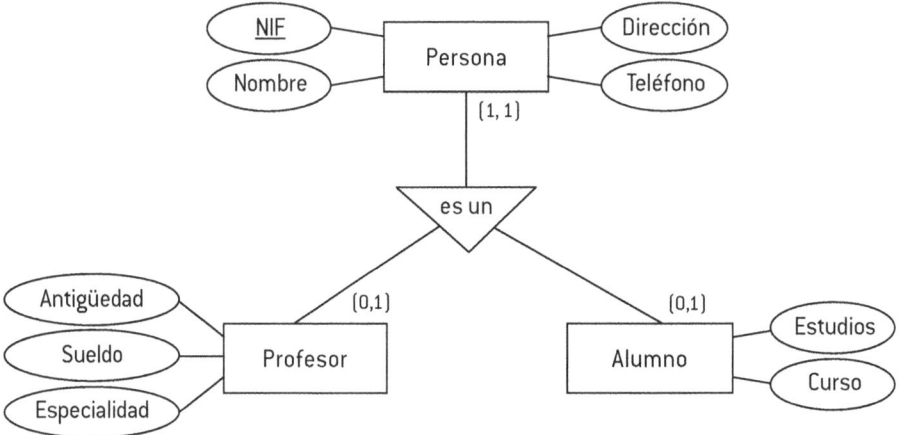

Figura 2.15. Jerarquía de tipos y subtipos.

Una característica muy importante de estas jerarquías es la herencia o propiedad por la cual los atributos del supertipo lo son también de los subtipos (son heredados por los subtipos). Así, tanto un profesor como un estudiante tienen NIF, nombre, dirección y teléfono, que son atributos heredados de su supertipo *Persona*. Además, los profesores tienen una especialidad, una antigüedad y un sueldo, mientras que los estudiantes cursan unos estudios y están realizando un determinado curso.

Las generalizaciones pueden ser de diferentes tipos:

- Una generalización será total o completa si toda ocurrencia del supertipo se corresponde con al menos una ocurrencia de un subtipo, o lo que es lo mismo, si los subtipos reflejan todas las posibilidades, lo que significa en el caso del ejemplo propuesto, que todas las personas tienen que ser o profesores o estudiantes o ambas cosas a la vez. La generalización será parcial o incompleta si hay ocurrencias en el supertipo que no pertenecen a ninguno de los subtipos. En nuestro caso, la jerarquía sería parcial si pudiese haber personas que no son ni profesores ni estudiantes. Una jerarquía total se representa dibujando un círculo en la línea que une el triángulo con el supertipo.

- Una generalización es exclusiva si un supertipo solo puede pertenecer a un subtipo o a ninguno de los subtipos presentes. En este caso, esto quiere decir que una persona solo puede ser o profesor o estudiante o ninguno de las dos cosas. Una generalización es solapada o superpuesta si un supertipo puede pertenecer a varios subtipos a la vez. Una generalización exclusiva se representa dibujando un arco que abarca las líneas que unen al triángulo con los subtipos.

Por lo que se ha indicado anteriormente, si consideramos que una persona tiene que pertenecer obligatoriamente a uno de los subtipos (generalización total), deberemos señalar este hecho dibujando un círculo. Si además consideramos que una persona solo puede ser o profesor o estudiante, pero no ambas cosas a la vez (generalización exclusiva), deberemos dibujar un arco, por lo que el esquema E-R nos quedaría como se ve en la Figura 2.16.

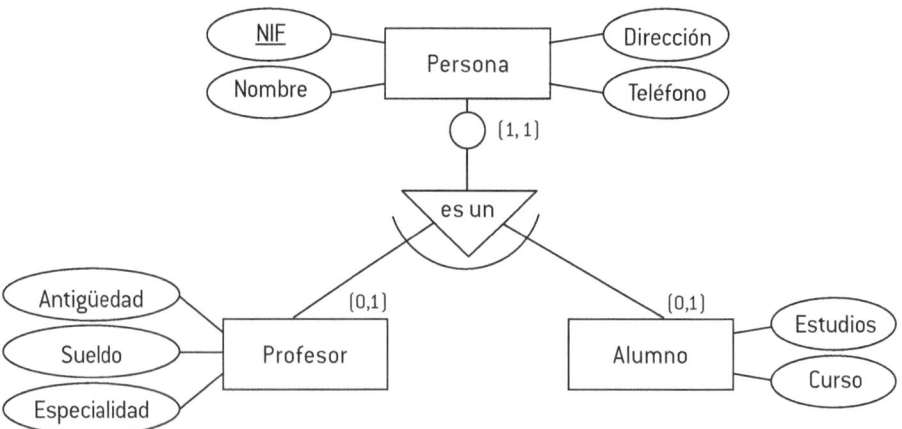

Figura 2.16. Jerarquía de tipos y subtipos total y exclusiva.

2.2.5. Agregación

El modelo Entidad-Relación básico no permite establecer relaciones entre relaciones, es decir, no permite por ejemplo establecer una relación entre una relación y una entidad. Para solventar esta limitación se inventó el concepto de agregación.

Una agregación es una abstracción que permite construir objetos compuestos a partir de objetos componentes. Permite combinar entidades entre las que existe una relación y formar una entidad de más alto nivel agrupando las entidades relacionadas y la relación en cuestión.

Aclarémoslo con un ejemplo: consideremos una relación N:M entre empleados y proyectos que nos indica qué empleados han trabajado en qué proyectos y cuántas horas ha dedicado cada empleado a cada proyecto (información que se almacena en un atributo de la relación). Necesitamos también conocer en ese trabajo desarrollado por ese empleado en cada proyecto qué herramientas ha empleado. Para conseguir esto, tendríamos que establecer una relación entre la relación *trabaja* que relaciona *Empleado* con *Proyecto* y la relación *utiliza* que interrelaciona la relación *trabaja* con la entidad *Herramienta*. Dos maneras de representar la agregación que se genera en este caso son las siguientes:

* Englobar las entidades *Empleado*, *Proyecto* y la relación *trabaja* en un rectángulo como si se tratase de una entidad que agrupa los elementos indicados. De esta manera ya es posible relacionar la nueva entidad generada con la relación *utiliza*.

* Asignar a la relación *trabaja* un nuevo tipo de entidad llamada entidad compuesta, que se representa mediante un cuadrado o un rectángulo (símbolo de entidad) con un rombo en su interior.

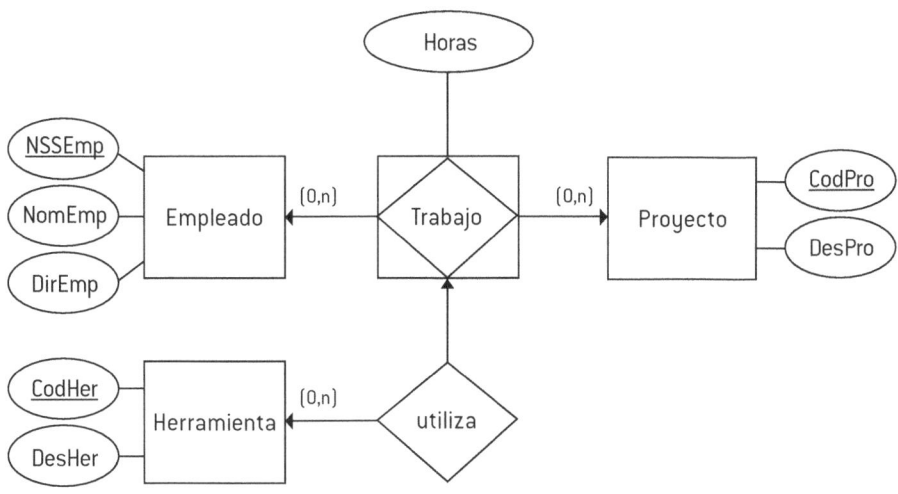

Figura 2.17. Representación de agregación.

2.3. Restricciones de integridad

Como se indicó en la sección 1.3.5, uno de los elementos de que consta la estática de un modelo de datos son los elementos no permitidos o restricciones. Las restricciones de integridad se pueden definir como ocurrencias no permitidas, es decir, ciertos valores que no se pueden almacenar en una base de datos. Existen dos tipos de restricciones de integridad: las restricciones inherentes y las restricciones explícitas.

2.3.1. Restricciones inherentes

Las restricciones inherentes son restricciones que impone el propio modelo de datos en cuestión, el cual no permite ciertas estructuras. Así, una restricción inherente al modelo E-R es que no es posible establecer relaciones entre relaciones y entidades o entre relaciones y relaciones. Por otro lado, una restricción inherente al modelo relacional es que en una relación o tabla no puede haber dos tuplas o filas iguales.

2.3.2. Restricciones explícitas

También llamadas restricciones semánticas o de usuario, son aquellas que tienen como objetivo que el modelo de datos refleje de la mejor manera posible el mundo real. Las restricciones suelen afectar al conjunto de valores que toma un atributo. Así, por ejemplo, si tenemos un atributo llamado edad, una restricción semántica aplicable podría ser que la edad solo puede tomar valores enteros entre 0 y 120.

2.4. Control de la redundancia

En ocasiones en los esquemas E-R aparecen relaciones redundantes que es aconsejable eliminar.

En un esquema E-R puede haber una relación redundante si hay un ciclo, es decir, el que exista un ciclo es una condición necesaria para la existencia de una relación redundante, pero esta condición no es suficiente, lo que quiere decir que a veces, aunque exista un ciclo en un esquema E-R, puede no haber redundancias. Debe tenerse en cuenta lo siguiente:

- Las relaciones con atributos no se pueden eliminar, es decir, nunca son redundantes.

- Las relaciones débiles (dependencias en existencia o en identificación) tampoco se pueden eliminar.

- Para que cualquier otra relación se pueda eliminar, su eliminación no debe suponer una pérdida de semántica, lo que quiere decir, que para que una relación sea redundante, la información que nos proporciona la misma se debe poder obtener por medio de las relaciones que no se eliminan.

Consideremos el siguiente esquema E/R:

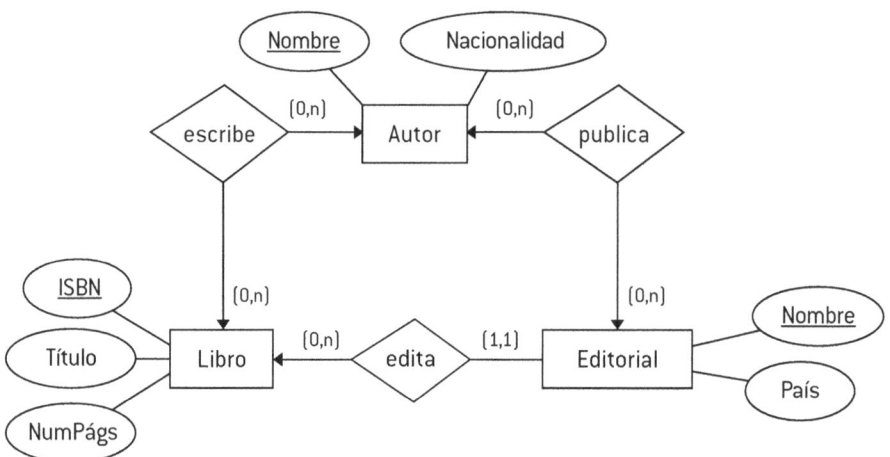

Figura 2.18. Esquema E-R con relación redundante.

Las relaciones *escribe* y *edita* no son redundantes porque la información que nos proporcionan no puede ser conseguida de ninguna manera por medio de las relaciones que quedarían al eliminarlas. Con respeto a la relación *publica,* será redundante si la información que nos proporciona se puede obtener aun eliminándola por medio de las otras relaciones. Veamos si esto es posible.

- Aunque eliminemos la relación *publica,* es necesario seguir sabiendo para qué editoriales ha publicado libros un autor. Pues bien, si a partir de un autor conozco los libros escritos por este y por cada libro la editorial que lo ha publicado, sé también en qué editoriales ha publicado libros dicho autor.

- En el sentido contrario, debe ser posible a partir de una editorial conocer los autores que han publicado libros para ella. Pues bien, si a partir de una editorial sé qué libros ha editado y para cada uno de estos libros puedo saber sus autores, también puedo conocer todos los autores que han publicado libros para dicha editorial.

En consecuencia, la relación *publica* es redundante y, por lo tanto, sería aconsejable eliminarla del esquema E-R.

3. El modelo relacional

Contenido

3.1. Evolución del modelo relacional

Las desventajas de los modelos jerárquico y en red condujeron a un intenso interés en el nuevo modelo de datos relacional propuesto por Codd en 1970. Este modelo constituye un intento de simplificar las estructuras de las bases de datos. Y es que los modelos anteriores (jerárquico y en red) presentaban importantes problemas:

- Las aplicaciones eran dependientes de la estructura de los datos.

- Era obligatorio el empleo de punteros físicos.

- Era necesario navegar para recuperar y actualizar los datos.

El nuevo modelo propuesto por Codd se basaba en la teoría de las relaciones, donde los datos se estructuran en forma de tablas o relaciones. Los objetivos perseguidos por Codd en su modelo son los siguientes, objetivos también comunes a otros modelos:

- Independencia física, es decir, que la manera en que estén almacenados físicamente los datos en los soportes de almacenamiento no incida en la manipulación lógica de los datos y que, por tanto, no sea necesario cambiar los programas porque cambie el almacenamiento físico de los datos.

- Independencia lógica, es decir, que al añadir, eliminar o modificar objetos en la base de datos no se vean afectados los programas y/o usuarios que estén accediendo a subconjuntos de los datos.

- Flexibilidad, consistente en que se puedan presentar los datos a cada usuario en la manera en que este prefiera.

- Uniformidad, consistente en que los datos presentan una estructura lógica con un aspecto uniforme, lo que facilita la concepción y manipulación de la base de datos por parte de los usuarios.

- Sencillez: todo lo indicado anteriormente, junto con lenguajes de usuario sencillos, da como resultado un modelo fácil de entender y utilizar para el usuario final.

3.2. Estructura del modelo relacional

En una base de datos relacional los datos se almacenan en relaciones y una relación se puede representar por medio de una tabla.

3.2.1. El concepto de relación. Propiedades de las relaciones

Toda relación tiene un nombre y consta de un conjunto de filas y columnas. Las columnas se corresponden con los atributos de la relación o propiedades de la misma. Por su parte, las filas se llaman también tuplas, y cada tupla contiene una serie de valores para cada uno de los atributos de la relación.

El número de columnas de una relación se llama grado, y el número de filas, cardinalidad.

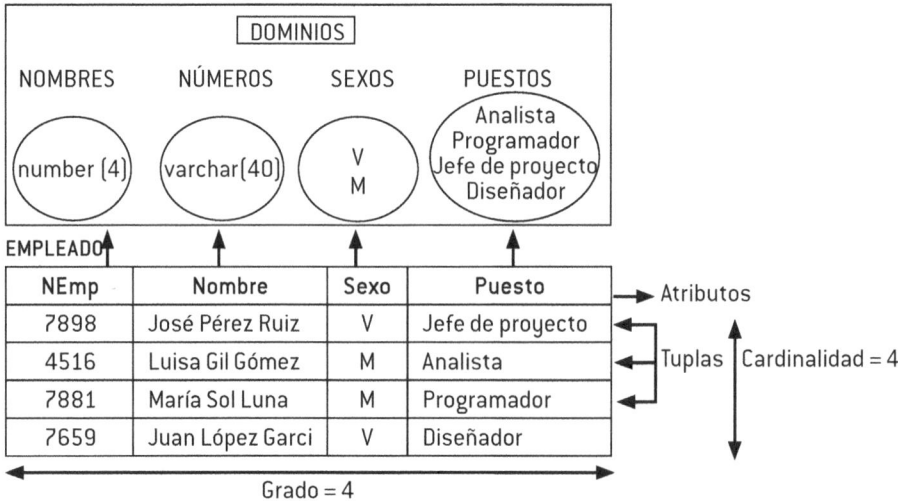

Figura 3.1. Ejemplo de relación.

La cabecera de una relación es la parte estática de la misma, es decir, aquella que se ve modificada muy de vez en cuando, y consta de un conjunto de atributos con sus dominios subyacentes. Un dominio es el conjunto de valores permitidos para un atributo. Por ejemplo, el dominio para el atributo *Sexo* se puede llamar *Sexos* e incluye solo dos posibles valores: V (que hace referencia a varón) y M (que hace referencia a mujer). El dominio para el atributo *Nombre* se puede llamar *Nombres* y hace referencia a cualquier cadena de hasta cuarenta caracteres.

Por su parte, el cuerpo de la relación es la parte dinámica de la misma y está constituido por una serie de tuplas que van variando con el paso del tiempo a medida que los usuarios introducen, eliminan y modifican datos.

Podemos decir que una relación tiene las siguientes propiedades:

- Toda relación tiene un nombre único dentro de la base de datos relacional a la que pertenece.

- Los valores de los atributos de una relación son atómicos, lo que quiere decir que en la intersección de una fila y una columna hay un solo valor.

- Todos los atributos de una tabla tienen nombres distintos. Sin embargo, puede haber atributos de distintas tablas de una misma base de datos con el mismo nombre.

- Los atributos de una relación no están ordenados.
- En una tabla no hay dos tuplas iguales.
- Las tuplas de una relación no están ordenadas.

3.2.2. Atributos y dominio de los atributos

Como se ha indicado en la sección anterior, los atributos son cada una de las propiedades de una relación y cada atributo constituye una columna de la tabla por medio de la cual se representa una relación. Así, la relación *Pedido* de la siguiente figura consta de dos atributos llamados *RefPed* y *FecPed*:

PEDIDO

RefPed	FecPed
P0001	16/02/2024
P0002	18/02/2024
P0003	23/02/2024
P0004	25/02/2024

Figura 3.2. Relación *Pedido.*

Como se indicó también en la sección anterior, cada atributo tiene asignado un único dominio, que hace referencia al conjunto de valores permitidos para dicho atributo. Así, para el caso de la relación *Pedido* de la Figura 3.2, el dominio del atributo *RefPed* es una cadena de cinco caracteres, y el dominio para el atributo *FecPed* es cualquier fecha válida.

3.2.3. Tupla, grado y cardinalidad

Como se indicó en la sección 3.2.1, cada fila de una relación también recibe el nombre de tupla, por lo que podemos decir que la relación *Pedido* de la Figura 3.2 consta de cuatro tuplas.

El grado de una relación hace referencia a su número de atributos, por lo que la relación *Pedido* tiene grado 2, mientras que su cardinalidad o número de filas es 4.

3.2.4. Relaciones y tablas

El hecho de que una relación se represente por medio de una tabla es lo que ha originado el que en muchos casos se utilice el término *tabla* para hacer referencia a relación, *columna* para hacer referencia a atributo y *fila* para hacer referencia a tupla.

No obstante, es interesante tener en cuenta que aunque una relación se pueda representar en forma de tabla, tiene una serie de elementos característicos que la distinguen de una tabla, ya que en una relación no se permiten tuplas duplicadas y en una tabla sí que puede haber filas repetidas. Además, las filas y las columnas no están ordenadas y en el cruce de una fila y una columna solo puede haber un valor (no se admiten atributos multivaluados).

3.3. Claves en el modelo relacional

En el modelo relacional se puede hablar de distintos tipos de claves, que se exponen en las siguientes subsecciones.

3.3.1. Claves candidatas

Se define clave candidata de una relación como un conjunto de atributos que identifican unívoca y mínimamente a cada tupla de la relación. El que identifican unívocamente a cada tupla quiere decir que no va a poder haber en una relación varias tuplas con el mismo valor para esa clave candidata. La condición de minimalidad hace referencia a que el conjunto de atributos es el más pequeño posible, es decir, si un atributo ya permite identificar cada tupla, no tiene sentido que la clave candidata esté formada por ese atributo y algún otro. En la relación de la Figura 3.1 el atributo *NEmp* es clave candidata, ya que no puede haber dos empleados con el mismo valor para este atributo. Si además supiésemos que no va a haber dos empleados con el mismo nombre, entonces el atributo *Nombre* también sería clave candidata. Por su parte, la relación *Pedido* de la Figura 3.2 solo tiene una clave candidata, que es el atributo *RefPed*, porque nunca va a haber dos pedidos con la misma referencia.

Consideremos a continuación la relación *Artículo* cuyo contenido se muestra en la Figura 3.3.

ARTÍCULO		
CodArt	DesArt	PVPArt
A0043	Bolígrafo azul fino	0,78
A0078	Bolígrafo rojo normal	1,05
A0075	Lápiz 2B	0,55
A0012	Goma de borrar	0,15
A0089	Sacapuntas	0,25

Figura 3.3. Relación *Artículo*.

En esta relación una clave candidata será *CodArt* porque nunca va a haber dos artículos con el mismo código. Si además, nunca va a poder haber dos artículos con la misma descripción, el atributo *DesArt* también será clave candidata.

3.3.2. Claves primarias

Se puede definir clave primaria como aquella clave candidata elegida para identificar las tuplas de la relación. Cuando solo existe una clave candidata, esta será la clave primaria. Por ejemplo, en la relación *Empleado* de la Figura 3.1, podríamos elegir *NEmp* como clave primaria, aunque si el nombre de los empleados fuera único, también podríamos elegir *Nombre* como clave primaria. En la relación *Pedido* de la Figura 3.2, será *RefPed* la clave primaria por ser la única clave candidata. Por su parte, en la relación *Artículo* de la Figura 3.3, si *DesArt* fuese clave candidata, podríamos seleccionar como clave primaria tanto *CodArt* como *DesArt*, pero solo uno de ellos.

Las relaciones también se suelen representar indicando su nombre y a continuación los atributos de que constan entre paréntesis y separados por comas. La clave primaria de una relación se suele indicar o bien subrayando el/los atributo/s que constituye/n la clave primaria, o bien anteponiendo a dichos atributos el símbolo #. Así, las relaciones de las figuras 3.1, 3.2 y 3.3 se podrían representar de las dos siguientes formas:

Empleado (<u>NEmp</u>, Nombre, Sexo, Puesto)
Pedido (<u>RefPed</u>, FecPed)
Artículo (<u>CodArt</u>, DesArt, PVPArt)

Figura 3.4. Representación de relaciones.

Empleado (#NEmp, Nombre, Sexo, Puesto)
Pedido (#RefPed, FecPed)
Artículo (#CodArt, DesArt, PVPArt)

Figura 3.5. Representación alternativa de relaciones.

3.3.3. Claves alternativas

Son claves alternativas aquellas claves candidatas que no han sido escogidas como clave primaria. En la relación *Empleado* de la Figura 3.1, el atributo *Nombre* sería una clave alternativa si no pudiese haber varios empleados con el mismo nombre. En la relación *Pedido* de la Figura 3.2, no habría claves alternativas y, en la relación *Artículo* de la Figura 3.3, sería clave alternativa *DesArt* si la descripción de los artículos fuese única.

3.3.4. Claves ajenas

Una clave ajena es un conjunto no vacío de atributos de una relación cuyos valores deben coincidir con los valores de la clave candidata de otra relación. Debe tenerse en cuenta que la clave ajena y la correspondiente clave candidata deben estar definidas sobre el mismo dominio.

Consideremos que en la misma base de datos en la que están incluidas las relaciones *Pedido* y *Artículo*, disponemos de una tercera relación llamada *LíneaPedido*, que contiene las líneas de pedido de los pedidos realizados por los clientes. Una línea de pedido es la parte de un pedido correspondiente a cada artículo diferente solicitado en el mismo. Cada línea de pedido vendrá, por tanto, identificada por el pedido (atributo *RefPed*) y el artículo solicitado (atributo *CodArt*). Además, en esta relación se almacenará también un tercer atributo, llamado *CantArt*, que indica la cantidad o número de unidades que del artículo en cuestión se solicita en el pedido correspondiente. Esta relación, que tendrá como clave primaria la pareja de atributos *RefPed* y *CodArt*, la podemos representar de la siguiente forma y podemos considerar que puede almacenar los datos indicados a continuación:

LíneaPedido (RefPed, CodArt, CantArt)

LÍNEAPEDIDO

RefPed	CodArt	CantArt
P0001	A0043	10
P0001	A0078	12
P0002	A0043	5
P0003	A0075	20
P0004	A0012	15
P0004	A0043	5
P0004	A0089	50

Figura 3.6. Relación *LíneaPedido*.

Pues bien, en la tabla *LíneaPedido* el atributo *RefPed* es una clave ajena al atributo *RefPed* de la tabla *Pedido*. Por este motivo, el valor que tome el atributo *RefPed* en la tabla *LíneaPedido* deberá coincidir con uno de los cuatro valores que toma el atributo *RefPed* en la tabla *Pedido* (P0001, P0002, P0003 o P0004).

Asimismo, el atributo *CodArt* de la tabla *LíneaPedido* es una clave ajena al atributo *CodArt* de la tabla *Artículo*. Por este motivo, el valor que tome este atributo en la tabla *LíneaPedido* deberá coincidir con uno de los cinco valores que toma el atributo *CodArt* en la tabla *Artículo* (A0043, A0078, A0075, A0012 o A0089).

Las claves ajenas se representan trazando flechas desde cada clave ajena hasta la correspondiente clave primaria. Por ello, la base de datos relacional, formada por las tres tablas referidas hasta el momento, se representaría de la siguiente forma:

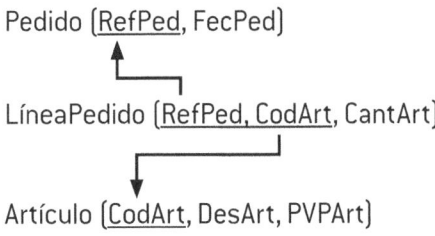

Pedido (<u>RefPed</u>, FecPed)

LíneaPedido (<u>RefPed, CodArt</u>, CantArt)

Artículo (<u>CodArt</u>, DesArt, PVPArt)

Figura 3.7. Esquema relacional.

3.4. Restricciones de integridad

Las principales restricciones de integridad del modelo relacional son las siguientes:

- Clave primaria (PRIMARY KEY): permite declarar un atributo o un conjunto de atributos como clave primaria de una relación, por lo que sus valores no se podrán repetir ni se admitirán los valores nulos (o inexistentes).

- Unicidad (UNIQUE), mediante la cual se indica que los valores de un atributo o conjunto de atributos no pueden repetirse en una relación. Esta restricción permite la definición de claves alternativas. Por ejemplo, en la relación *Artículo*, si no puede haber dos artículos con la misma descripción (atributo *DesArt*), este atributo será una clave alternativa y, por tanto, deberá tener asignada la restricción de unicidad.

- Obligatoriedad de uno o más atributos (NOT NULL), con lo que se indica que un atributo o conjunto de atributos no admite valores nulos.

- Integridad referencial (FOREIGN KEY): a esta restricción se hace referencia en la sección 3.4.3.

- Restricciones de rechazo y aserciones: para crear estas restricciones, el usuario especifica un predicado o condición sobre un atributo o conjunto de atributos de manera que, cada vez que se lleve a cabo una operación de actualización sobre la base de datos, se comprueba si se cumple el predicado especificado y, en caso de que este no se cumpla, la operación no es permitida. La diferencia entre las restricciones de verificación o de rechazo y las aserciones es que, en el primer caso, el predicado afecta a una sola relación y en el segundo caso (aserciones), a varias relaciones.

3.4.1. Valor *null* en el modelo

Un valor nulo es una marca que indica que el dato asociado a un atributo es desconocido. Los valores nulos son útiles a la hora de manejar información que presenta lagunas, es decir, valores que sí existen en el universo del discurso, pero que se desconocen en un momento dado. Por ejemplo, se están introduciendo las tuplas correspondientes a una tabla de clientes y no se conoce el teléfono de un cliente determinado.

Otro caso en el que se suelen usar los valores nulos es cuando para cierta condición del universo del discurso un atributo determinado no tiene valor. Por ejemplo, si a partir de una serie de albaranes se genera una factura, mientras el proceso de generación de facturas no se lleve a cabo, la clave ajena *NumFactura* en la relación *Albarán* deberá permanecer con valor nulo.

En otro caso, normalmente, cuando se crea una nueva columna en una tabla existente, los valores de la columna añadida para las n tuplas deben iniciarse a valor nulo.

El tratamiento de los valores nulos es complejo y requiere de un estudio pormenorizado para las distintas operaciones y funciones que se pueden llevar a cabo en el modelo relacional. De este modo, por ejemplo, se puede definir una lógica trivaluada para contemplar la existencia de valores nulos a la hora de determinar el resultado de las operaciones lógicas AND, OR y NOT. Las tablas de verdad correspondientes a estos operadores serían las siguientes:

AND	VERDADERO	FALSO	NULO
VERDADERO	VERDADERO	FALSO	NULO
FALSO	FALSO	FALSO	FALSO
NULO	NULO	FALSO	NULO

OR	VERDADERO	FALSO	NULO
VERDADERO	VERDADERO	VERDADERO	VERDADERO
FALSO	VERDADERO	FALSO	NULO
NULO	VERDADERO	NULO	NULO

NOT	
VERDADERO	FALSO
FALSO	VERDADERO
NULO	NULO

Asimismo, conviene introducir un nuevo tipo de operador que se puede denominar MAYBE (quizás) y que corresponde a la pregunta ¿ES NULO?, cuya tabla de verdad sería:

MAYBE	
VERDADERO	FALSO
FALSO	FALSO
NULO	VERDADERO

Para las operaciones aritméticas, el resultado de operar un valor nulo con otro valor cualquiera se considera siempre nulo.

Hay que tener en cuenta que en las operaciones de selección es posible que no aparezcan tuplas por presentar valores nulos sobre el predicado establecido.

Para los operadores de comparación surgen problemas serios; por ejemplo, si nos planteamos si 3 es mayor que, menor que o igual a un valor nulo cualquiera, la única respuesta posible es quizás porque un valor nulo es desconocido.

En cuanto a la presencia de valores nulos en claves, se ha de cumplir lo siguiente:

- Una clave primaria no puede contener valores nulos por la regla de integridad de la entidad, a la que se hace referencia en la sección 3.4.2.

- Una clave alternativa, al tratarse de una clave candidata, no debería contener valores nulos, pero la mayoría de los SGBD no lo implementan de este modo, siendo necesario asignar una restricción de obligatoriedad (NOT NULL) a los atributos que constituyen claves alternativas.

- Una clave ajena puede contener valores nulos.

En cualquier caso, la recomendación es ser muy restrictivos a la hora de permitir la presencia de nulos, limitando esta posibilidad preferentemente a los casos en los que la semántica del universo del discurso pueda presentar valores de este tipo (por ejemplo, claves ajenas que aún no han podido migrar, fechas que todavía no tienen sentido, etcétera).

3.4.2. Integridad de las entidades

Existe una restricción inherente al modelo relacional, que es la regla de integridad de la entidad, la cual establece que: "Ningún atributo que forme parte de la clave primaria de una relación puede tomar un valor nulo".

3.4.3. Integridad referencial

La restricción de integridad referencial establece que una clave ajena solo podrá tomar valor nulo, o bien alguno de los valores que toma la clave candidata de la relación apuntada.

Así, para las relaciones *Pedido, Artículo* y *LíneaPedido* expuestas en la sección 3.3.4, el atributo *RefPed* de la relación *LíneaPedido* es clave ajena que referencia al atributo homónimo de la relación *Pedido*, de modo que sus valores deben o bien ser nulos, o bien concordar con los que toma el atributo *RefPed* de la relación *Pedido* (P0001, P0002, P0003 o P0004). Para este caso en concreto, no es posible que el atributo *RefPed* en *LíneaPedido* tome valor nulo al formar este atributo parte de la clave primaria de la relación. Ocurre exactamente lo mismo con la otra clave ajena de la relación *LíneaPedido* (su atributo *CodArt*). Este no podrá tomar valor nulo, sino solo uno de los valores que toma el atributo *CodArt* en la relación *Artículo* (A0043, A0078, A0075, A0012 o A0089).

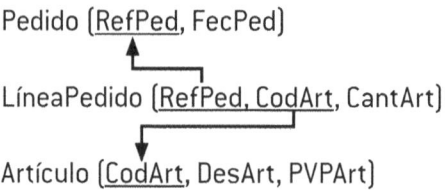

Pedido (<u>RefPed</u>, FecPed)

LíneaPedido (<u>RefPed, CodArt</u>, CantArt)

Artículo (<u>CodArt</u>, DesArt, PVPArt)

Figura 3.8. Esquema relacional.

PEDIDO

RefPed	FecPed
P0001	16/02/2024
P0002	18/02/2024
P0003	23/02/2024
P0004	25/02/2024

LÍNEAPEDIDO

RefPed	CodArt	CantArt
P0001	A0043	10
P0001	A0078	12
P0002	A0043	5
P0003	A0075	20
P0004	A0012	15
P0004	A0043	5
P0004	A0089	50

ARTÍCULO

CodArt	DesArt	PVPArt
A0043	Bolígrafo azul fino	0,78
A0078	Bolígrafo rojo normal	1,05
A0075	Lápiz 2B	0,55
A0012	Goma de borrar	0,15
A0089	Sacapuntas	0,25

Figura 3.9. Esquema relacional con datos y claves ajenas.

Además de definir las claves ajenas, hay que determinar las consecuencias que tienen el borrado y modificación de tuplas de la relación referenciada, pudiéndose distinguir las siguientes opciones:

- Operación restringida (RESTRICT): no se va a permitir el borrado o modificación de tuplas de la relación referenciada si hay alguna tupla en la otra relación que contiene el mismo valor en la clave ajena. Aplicado a la primera clave ajena de nuestro ejemplo, implicaría que para borrar un pedido de la relación *Pedido* no puede haber ninguna fila en la relación *LíneaPedido* para ese mismo pedido. Además, no se podría modificar el atributo *RefPed* para un pedido de la tabla *Pedido* para el que hubiese alguna línea de pedido.

- Operación con transmisión en cascada (ON DELETE CASCADE, ON UPDATE CASCADE): el borrado o modificación de tuplas de la relación que contiene la clave referenciada implica el borrado o modificación en cascada de las tuplas correspondientes en la tabla que contiene la clave ajena. Esto implicaría que al borrar un pedido se eliminasen automáticamente todas sus líneas de pedido de la tabla *LíneaPedido*. Asimismo, al modificar el atributo *RefPed* de un pedido de la tabla *Pedido*, se modificaría el atributo *RefPed* en la tabla *LíneaPedido* para todas las líneas de pedido correspondientes a ese pedido.

- Operación con puesta a nulos (SET NULL): el borrado o modificación de tuplas de la relación que contiene la clave referenciada lleva consigo poner a valor nulo el atributo que constituye la clave ajena. Esto nos llevaría a que si se borra un pedido de la tabla *Pedido*, se asigne el valor nulo al atributo *RefPed* para todas las líneas de pedido correspondientes a ese pedido. Esta opción, en este caso, no está permitida porque el atributo *RefPed* en la relación *LíneaPedido* no puede tomar valor nulo al formar este atributo parte de la clave primaria. Además, si se modifica el atributo *RefPed* para algún pedido en la tabla *Pedido*, se debería asignar valor nulo al atributo *RefPed* en todas las tuplas de la tabla *LíneaPedido* correspondientes a líneas de pedido de ese pedido. Ocurre, como en el caso anterior, que esta opción tampoco es válida por el motivo ya indicado.

- Operación con puesta a valor por defecto (SET DEFAULT): se actúa de igual modo que en la anterior opción con la salvedad de que en vez de asignar al atributo que constituye la clave ajena el valor nulo, se le asigna un valor establecido por defecto de antemano para dicho atributo.

- Operación que desencadena un procedimiento de usuario: en este caso, el borrado o modificación de tuplas de la tabla referenciada provoca la ejecución de un procedimiento definido por el usuario.

Para cada clave ajena sería necesario indicar la opción seleccionada. En el ejemplo propuesto habría que indicarlo para las dos claves ajenas existentes en la tabla *LíneaPedido* (*RefPed* y *CodArt*). Además, la opción seleccionada en caso de borrado es independiente de la seleccionada en caso de modificación.

3.5. Teoría de la normalización

El proceso de diseño de una base de datos consiste en representar una determinada parcela del mundo real (o universo del discurso) mediante los objetos que proporciona el modelo de datos que estamos utilizando, aplicando para ello las reglas de dicho modelo, como prohibición de un determinado tipo de asociaciones o posibilidad de incluir ciertas restricciones. Cuando se diseña una base de datos mediante el modelo relacional, así como ocurre con otros modelos, tenemos distintas alternativas, es decir, podemos obtener diferentes soluciones plasmadas en distintos esquemas relacionales, no todos ellos equivalentes, ya que unos van a representar la realidad mejor que otros.

Veremos la teoría de la normalización, que permite afrontar el problema del diseño de bases de datos relacionales de una manera rigurosa y objetiva, estudiando la forma de llevar a cabo la normalización de un esquema relacional.

3.5.1. El proceso de normalización. Tipos de dependencias funcionales

Se va a ver qué propiedades debe tener un esquema relacional para representar adecuadamente la realidad, y cuáles son los problemas que se pueden derivar de un diseño inadecuado.

Veamos un ejemplo: en la Figura 3.10 se muestra una relación denominada *Pedidos*, que almacena datos sobre los pedidos efectuados por los clientes (*RefPed* y *FecPed*) y los artículos solicitados en cada uno de los pedidos (*CodArt, DesArt, CantArt* y *PVPArt*). Por cada pedido se indica su referencia y fecha, y por cada artículo solicitado, su código, descripción, número de unidades solicitadas y precio unitario. La clave primaria de esta relación está formada por la concatenación de los atributos *RefPed* y *CodArt*. Esta relación presenta diversos problemas, entre los cuales se encuentran los siguientes:

- Gran cantidad de redundancia, ya que la fecha del pedido se repite si en ese pedido han sido solicitados varios artículos. De igual forma, si un artículo ha sido solicitado en varios pedidos, aparecen repetidos los atributos *DesArt* y *PVPArt*.

- Anomalías de inserción, ya que no sería posible incluir en la base de datos información sobre algún artículo que no estuviese incluido en ningún pedido, al formar el atributo *RefPed* parte de la clave primaria de la relación.

Recordemos que por la regla de integridad de la entidad ningún atributo que forme parte de la clave primaria de una relación puede tomar valor nulo. Por otro lado, la inserción de un pedido que incluyese varios artículos obligaría a incluir varias tuplas en la base de datos.

- Anomalías de modificación, ya que si quisiésemos modificar el precio o la descripción de un artículo solicitado en varios pedidos, lo tendríamos que hacer en varias tuplas de la relación para no generar inconsistencias. Lo mismo ocurriría si quisiésemos modificar la fecha de un pedido en el que se han solicitado varios artículos.

- Anomalías de borrado, ya que si quisiéramos eliminar un pedido de la base de datos y uno de los artículos en él incluido solo es solicitado en dicho pedido, desaparecerían también los datos de ese artículo de la base de datos. Además, la eliminación de un pedido de la base de datos implicaría borrar de esta relación tantas tuplas como artículos sean solicitados en el mismo. De manera análoga, si queremos eliminar un artículo de la base de datos y ocurre que ese artículo es solicitado en varios pedidos, habría que borrar una línea por cada uno de esos pedidos. Además, si un artículo solo está solicitado en un pedido, la eliminación de dicho artículo implicaría también eliminar los datos del pedido de la base de datos.

RefPed	FecPed	CodArt	DesArt	CantArt	PVPArt
P0001	16/02/2024	A0043	Bolígrafo azul fino	10	0,78
P0001	16/02/2024	A0078	Bolígrafo rojo normal	12	1,05
P0002	18/02/2024	A0043	Bolígrafo azul fino	5	0,78
P0003	23/02/2024	A0075	Lápiz 2B	20	0,55
P0004	25/02/2024	A0012	Goma de borrar	15	0,15
P0004	25/02/2024	A0043	Bolígrafo azul fino	5	0,78
P0004	25/02/2024	A0089	Sacapuntas	50	0,25

Figura 3.10. Relación *Pedidos*.

Esta relación presenta todos estos problemas debido a que se almacenan hechos distintos (pedidos y artículos) en una misma relación.

Existe un método formal aplicable a todo esquema relacional que nos permite determinar si un esquema relacional se adecua a la realidad y, en caso de que no sea así, nos indica cómo transformarlo para conseguir que el mismo sea un reflejo lo más fiel posible del mundo real.

El método formal al que me refiero en el párrafo anterior es la teoría de la normalización, con la que se consiguen esquemas relacionales exentos de redundancias y que, por tanto, no presentan los problemas indicados anteriormente. Si hubiésemos aplicado el proceso de normalización a la anterior relación, habríamos obtenido el siguiente esquema relacional:

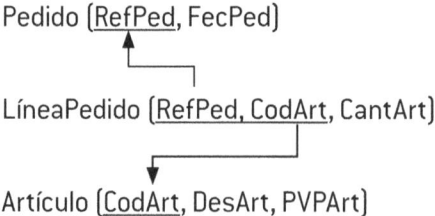

Pedido (RefPed, FecPed)

LíneaPedido (RefPed, CodArt, CantArt)

Artículo (CodArt, DesArt, PVPArt)

En este esquema relacional se han almacenado hechos distintos en relaciones diferentes.

La teoría de la normalización puede definirse como una técnica formal para organizar datos que nos ayuda a determinar qué está equivocado en un diseño y nos enseña la manera de corregirlo.

La teoría de la normalización se basa en el concepto de forma normal. Un esquema relacional se encuentra en una determinada forma normal si cumple un conjunto concreto de restricciones.

Existen en total seis formas normales:

- Primera forma normal (1FN).
- Segunda forma normal (2FN).
- Tercera forma normal (3FN).
- Forma normal de Boyce/Codd (FNBC).
- Cuarta forma normal (4FN).
- Quinta forma normal (5FN).

Como se puede observar en la siguiente figura, de todo el universo de relaciones solo algunas están en 1FN; de estas, solo algunas se encuentran en 2FN; de estas, únicamente una parte está en 3FN, y así sucesivamente. Es decir, la 2FN impone más restricciones que la 1FN, la 3FN más que la 2FN, etc., siendo la 5FN la que impone restricciones más fuertes.

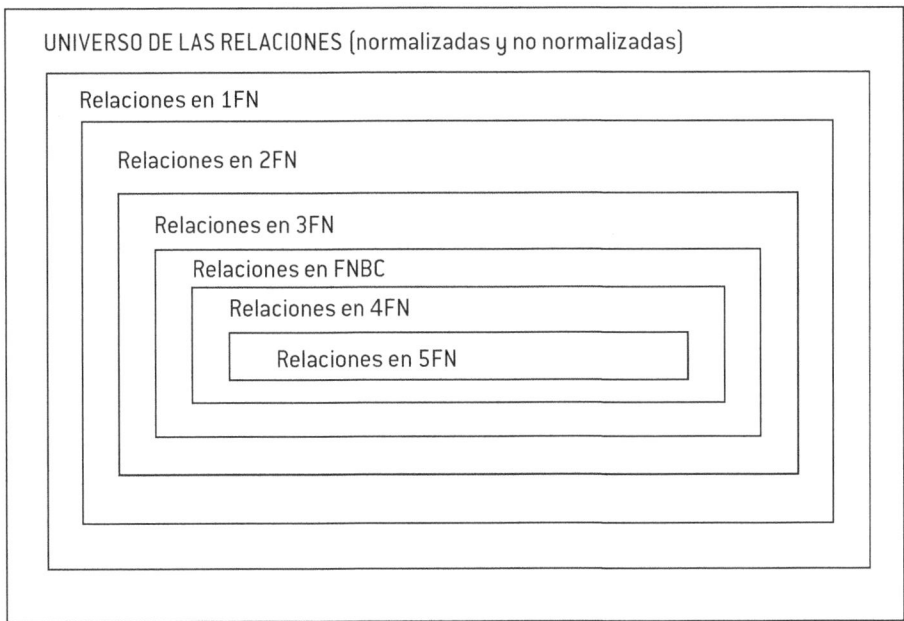

Figura 3.11. Representación esquemática de las formas normales.

El estudio de las formas normales requiere el conocimiento previo del concepto de dependencia funcional, que va a ser explicado a continuación. Existen varios tipos de dependencias funcionales:

Dependencia funcional

Dados los subconjuntos de atributos X e Y de una relación, se dice que Y depende funcionalmente de X o que X determina o implica a Y si y solo si cada valor de X tiene asociado un único valor de Y. Representamos esta dependencia de la siguiente forma:

$$X \rightarrow Y$$

Por ejemplo, en la relación *Artículo (CodArt, DesArt, PVPArt)*, el código del artículo determina la descripción del mismo y su precio, puesto que, dado un código de artículo (que identifica a un artículo), ese artículo tendrá una sola descripción y un único precio:

$$CodArt \rightarrow DesArt$$

$$CodArt \rightarrow PVPArt$$

Por su parte, en la relación *LíneaPedido (RefPed, CodArt, CantArt)* la pareja de atributos (*RefPed, CodArt*) determinan *CantArt*, porque dado un pedido identificado por su referencia (*RefPed*) y un artículo identificado por su código (*CodArt*) solo hay una cantidad, es decir, en una línea de pedido solo se solicita un número determinado de unidades de un artículo dado. Por ello:

$$(\text{RefPed, CodArt}) \rightarrow \text{CantArt}$$

Una herramienta útil para mostrar las dependencias funcionales es el grafo o diagrama de dependencias funcionales, mediante el cual se representa un conjunto de atributos y las dependencias funcionales existentes entre ellos. En estos grafos aparecen los nombres de los atributos unidos por flechas, las cuales indican las dependencias funcionales.

En la Figura 3.12 se muestran las dependencias funcionales para las relaciones *Artículo* y *LíneaPedido*, y también para la relación Pedido (RefPed, FecPed), en la cual existe la siguiente dependencia funcional:

$$\text{RefPed} \rightarrow \text{FecPed}$$

porque para un pedido identificado por su referencia, hay una única fecha en que este se realizó.

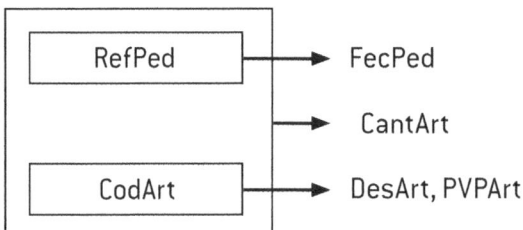

Figura 3.12. Diagrama de dependencias funcionales.

Dependencia funcional completa

Dados los subconjuntos de atributos *X* e *Y* de una relación (constando *X* de varios atributos), se dice que *Y* tiene una dependencia funcional plena o completa de *X* si depende funcionalmente de *X*, pero no depende de ningún subconjunto de *X*, lo que se representa por:

$$X \Rightarrow Y$$

Por ejemplo, en la relación *LíneaPedido (RefPed, CodArt, CantArt)*, que ya hemos estudiado, nos podemos plantear si la dependencia funcional

$$(\text{RefPed, CodArt}) \rightarrow \text{CantArt}$$

es plena o completa. Lo será si el atributo *CantArt* depende del par de atributos (*RefPed, CodArt*) y no de uno de ellos por separado; es decir, si no son verdad las dos siguientes dependencias funcionales:

$$RefPed \rightarrow\!\!\!/\ CantArt$$

$$CodArt \rightarrow\!\!\!/\ CantArt$$

La primera de estas dos dependencias funcionales no es cierta porque, dado un pedido identificado por su referencia (*RefPed*), puede haber varias cantidades de artículos solicitadas; de hecho, ocurrirá esto siempre que el pedido incluya varias líneas de pedido, es decir, siempre que en el pedido se soliciten dos o más artículos diferentes.

Con respecto a la segunda dependencia funcional, esta será verdadera si dado un artículo identificado por su código (*CodArt*) solo puede haber una cantidad solicitada de ese artículo. Sin embargo, dado que un artículo puede ser solicitado en diferentes pedidos y en cada uno de dichos pedidos se pueden solicitar cantidades diversas de dicho artículo, la dependencia funcional indicada tampoco es cierta.

Como las dos dependencias funcionales parciales analizadas son falsas, podemos decir que la dependencia funcional

$$(RefPed, CodArt) \rightarrow CantArt$$

es plena o completa, lo que se representa:

$$(RefPed, CodArt) \Rightarrow CantArt$$

En un diagrama de dependencias funcionales, como el de la Figura 3.12, las dependencias funcionales totales se representan partiendo la flecha de un rectángulo en cuyo interior aparece más de un atributo.

Dependencia funcional mutua o interdependencia

Si en una relación se dan las dependencias funcionales $X \rightarrow Y$ e $Y \rightarrow X$ simultáneamente, entonces se dice que entre los atributos X e Y hay una dependencia funcional mutua o interdependencia, y se representa así:

$$X \leftrightarrow Y$$

Por ejemplo, dada la relación *Libro (CodLib, ISBN, Título, Páginas, Editorial)*, se dan las dependencias funcionales:

$$CodLib \rightarrow ISBN$$

$$ISBN \rightarrow CodLib$$

porque dado un libro identificado por un código, este tiene un solo ISBN y, de manera análoga, dado un libro identificado por su ISBN, tiene un código único. Esto se debe a que ambos atributos son claves candidatas. Pues bien, al darse las dependencias funcionales en ambos sentidos, se puede decir que los atributos *CodLib* e *ISBN* mantienen una dependencia funcional mutua o interdependencia:

Dependencia funcional transitiva

Sea una relación R (X, Y, Z) en la que existen las siguientes dependencias funcionales:

$$X \rightarrow Y$$

$$Y \rightarrow Z$$

$$Y \nrightarrow X$$

Se dice entonces que Z tiene una dependencia funcional transitiva respecto de X a través de Y y se representa:

$$X - \rightarrow Z$$

Consideremos la relación *Coche (Matrícula, Marca, Modelo, Color)*

En esta relación se dan las siguientes dependencias funcionales:

$$\text{Matrícula} \rightarrow \text{Marca}$$

$$\text{Matrícula} \rightarrow \text{Modelo}$$

$$\text{Matrícula} \rightarrow \text{Color}$$

porque dado un vehículo identificado por su matrícula, este tiene una sola marca (Renault o Ford, por ejemplo), un único modelo (Megane o Fiesta, por ejemplo) y un solo color.

Además, también se da la siguiente dependencia funcional:

$$\text{Modelo} \rightarrow \text{Marca}$$

puesto que dado un modelo de vehículo, le corresponde una única marca (por ejemplo, todos los Meganes son Renault).

Todas estas dependencias funcionales también se pueden representar mediante el siguiente grafo:

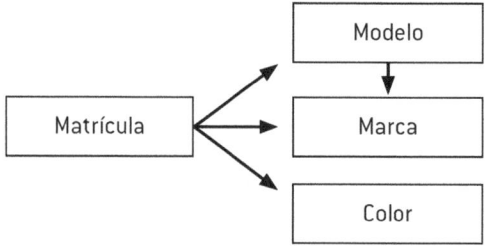

Figura 3.13. Diagrama de dependencias funcionales.

Dado que se dan las siguientes dependencias funcionales:

$$\text{Matrícula} \to \text{Modelo}$$

$$\text{Modelo} \to \text{Marca}$$

$$\text{Modelo} \nrightarrow \text{Matrícula}$$

se puede decir que *Marca* tiene una dependencia funcional transitiva respecto de *Matrícula* a través de *Modelo* y se representa:

$$\text{Matrícula} - \to \text{Marca}$$

Dependencia multivaluada

Sea una relación R (X, Y, Z). Se dice que *Y* depende de forma multivaluada de otro atributo *X* o que *X* multidetermina a *Y* si cada valor de *X* tiene asignado un conjunto bien definido de valores de *Y*, y además este conjunto es independiente de cualquier valor que tome otro atributo *Z* que depende del valor de *X*. Las dependencias multivaluadas se representan así:

$$X \to \to Y$$

Por ejemplo, podemos tener la siguiente relación *Cursos (Curso, Profesor, Texto)*, en la que se indican por cada curso que se va a impartir, los profesores que lo van a impartir y los libros de texto que se van a usar. Los atributos *Profesor* y *Texto* son atributos con valores múltiples para un mismo valor de *Curso*. Se ha supuesto que existe una regla que obliga a que todos los profesores de un curso puedan emplear todos los libros de texto correspondientes a ese curso.

Curso	Profesor	Texto
Diseño de bases de datos	José Manuel Piñeiro Ana Santos	Gestión de bases de datos Fundamentos de bases de datos
Programación orientada a objetos	Laura Gil Mario Pérez	Fundamentos de programación Programación en Java

Figura 3.14. Relación con dependencias multivaluadas.

El atributo *Curso* determina valores múltiples de *Profesor* y *Texto* y estos dos atributos son independientes entre sí. Así pues, dado un curso, habrá un conjunto de profesores que lo van a impartir y un conjunto de textos de referencia que se van a emplear, lo que se plasma mediante las siguientes dependencias multivaluadas:

$$\text{Curso} \to \to \text{Profesor}$$

$$\text{Curso} \to \to \text{Texto}$$

Dependencia de reunión

Una relación tiene una dependencia de reunión si puede ser reconstruida sin pérdida de información a partir de una combinación de alguna de sus proyecciones. Estas dependencias son difíciles de detectar.

En la Figura 3.15 se representa una tabla de vendedores-electrodomésticos-marcas. En el segundo nivel se representan sus proyecciones binarias (con dos atributos). A continuación, su combinación se realiza en dos fases: en la primera se combinan las dos primeras proyecciones binarias y luego el resultado de esta reunión se combina con la tercera proyección binaria. Como el resultado es exactamente igual a la tabla de partida, la relación original presenta una dependencia de reunión. Cabe señalar que para todas las tablas mostradas su clave primaria está constituida por todos los atributos de cada tabla.

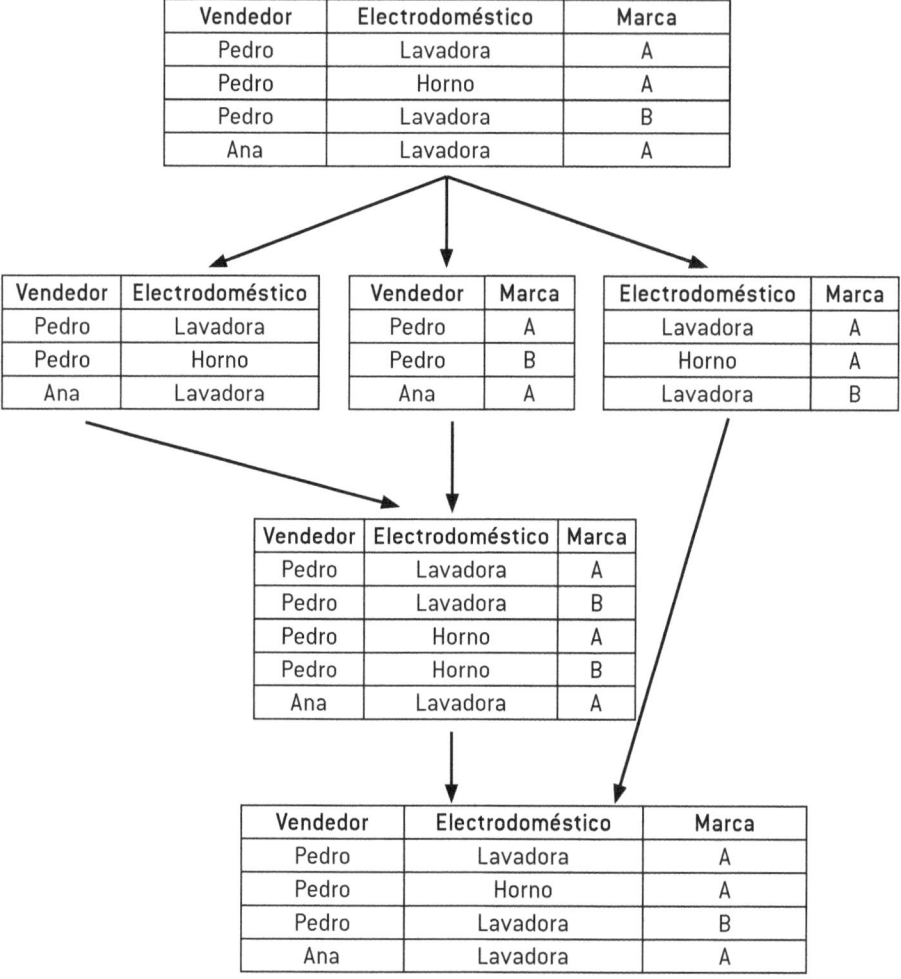

Figura 3.15. Comprobación de dependencia de reunión.

3.5.2. Primera forma normal (1FN)

Una relación se encuentra en 1FN si cada uno de sus componentes es atómico, es decir, si no presenta grupos repetitivos. Podemos definir un grupo repetitivo como un atributo o conjunto de atributos con valores múltiples.

Para eliminar un grupo repetitivo, es decir, para pasar una relación a 1FN, se deben eliminar de la relación de partida los atributos que constituyen el grupo repetitivo, creando una nueva relación con la clave primaria de la relación original y los atributos del grupo repetitivo. La clave de la nueva relación suele consistir en la concatenación de la clave primaria de la relación original con la clave del grupo repetitivo.

Por ejemplo, disponemos de la siguiente relación:

Pedido (RefPed, FecPed, CodArt, DesArt, CantArt, PVPArt)

en la que se muestra la información relativa a un pedido (*RefPed* y *FecPed*) y a los artículos que en él se solicitan, indicando por cada uno de los artículos pedidos su código (*CodArt*), descripción (*DesArt*), número de unidades solicitadas (*CantArt*) y precio (*PVPArt*). Los atributos *CodArt*, *DesArt*, *CantArt* y *PVPArt* constituyen un grupo repetitivo porque si consideramos como clave primaria de la relación el atributo *RefPed*, para un mismo pedido identificado por su referencia (*RefPed*), se pueden solicitar varios artículos, cada uno de los cuales tendrá su *CodArt*, *DesArt*, *CantArt* y *PVPArt*.

Al existir un grupo repetitivo, esta relación no se encuentra en 1FN. Para pasarla a 1FN, hemos de eliminar de la relación *Pedido* los cuatro atributos que constituyen el grupo repetitivo, generando así una nueva relación, que podemos llamar *Pedido'*. Además, tendremos que crear una nueva relación con los cuatro atributos del grupo repetitivo más la clave primaria de la relación de partida (*RefPed*), siendo la clave de esta nueva relación surgida la clave de la relación de partida (*RefPed*) más el atributo clave del grupo repetitivo (*CodArt*). Nos quedaría por tanto el siguiente esquema relacional en 1FN:

Pedido' (<u>RefPed</u>, FecPed)

LíneaPedido (<u>RefPed, CodArt</u>, DesArt, CantArt, PVPArt)

3.5.3. Segunda forma normal (2FN)

Una relación se encuentra en 2FN si estando en 1FN, cada atributo que no forme parte de una clave candidata mantiene una dependencia funcional total respecto de dicha clave candidata, es decir, todo atributo debe depender de toda la clave y no solo de parte de ella.

Para pasar una relación a 2FN, se debe eliminar de la relación el atributo que genera la dependencia parcial y crear una nueva relación con ese atributo y con el/los atributo/s de que depende como clave primaria.

Siempre que una relación en 1FN presenta una clave primaria compuesta por un solo atributo, ya se encuentra automáticamente en 2FN. También se encontrarán en 2FN las relaciones en 1FN que no presenten atributos no clave.

Si tomamos el esquema relacional obtenido en el apartado anterior, la relación *Pedido'* ya se encuentra en 2FN por estar en 1FN y tener una clave primaria que consta de un solo atributo. En lo que respecta a la relación *LíneaPedido*, para que esta se encuentre en 2FN se deberá cumplir que los atributos no clave, es decir, *DesArt, CantArt* y *PVPArt*, dependan de la totalidad de la clave, es decir, que tengan una dependencia funcional total respecto del par de atributos *(RefPed, CodArt)*:

$$(RefPed, CodArt) \Rightarrow DesArt$$

$$(RefPed, CodArt) \Rightarrow CantArt$$

$$(RefPed, CodArt) \Rightarrow PVPArt$$

La primera dependencia funcional total no es cierta porque la descripción del artículo solo depende del código del mismo y no del pedido en el que se solicite, es decir, es verdad la dependencia parcial CodArt → DesArt. Por este motivo, ya podemos afirmar que la relación *LíneaPedido* no se encuentra en 2FN.

La segunda dependencia funcional total sí es verdadera porque la cantidad que de un artículo se solicita en un pedido no viene determinada únicamente por el pedido en cuestión o el artículo que se solicita, sino por ambos hechos. Dicho de otra forma, RefPed ↛ CantArt, dado que para un pedido se pueden solicitar diferentes cantidades de diversos artículos; de modo análogo, CodArt ↛ CantArt, porque un artículo puede ser solicitado en varios pedidos, para cada uno de los cuales se solicitará una determinada cantidad de dicho artículo.

La tercera dependencia funcional total será verdadera en caso de que el precio de los artículos no siempre sea el mismo para todos los pedidos. Si, como es más habitual, consideramos que el precio de los artículos es el mismo para todos los clientes y pedidos, entonces se cumple la dependencia funcional CodArt → PVPArt, con lo que no se cumple tampoco que el atributo no clave *PVPArt* depende de la totalidad de la clave, por lo que este sería otro motivo por el cual la relación no se encuentra en 2FN.

Otra manera de observar si una relación se encuentra en 2FN es analizar su diagrama de dependencias funcionales.

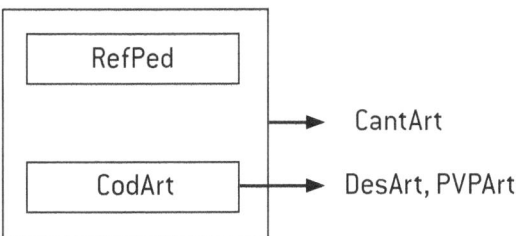

Figura 3.16. Diagrama de dependencias funcionales.

Si en él hay alguna flecha que atraviesa el espacio dejado entre los atributos que componen la clave compuesta y los atributos no clave, entonces es que hay algún atributo que no depende de la totalidad de la clave, como ocurre en este caso con los atributos *DesArt* y *PVPArt*, por lo que la relación correspondiente no se encuentra en 2FN.

Pasemos, por tanto, la relación *LíneaPedido* a 2FN: Para ello hemos de eliminar de esta relación cada uno de los atributos que no dependen de la totalidad de la clave (*DesArt* y *PVPArt*) y crear en principio por cada uno de ellos una nueva relación con cada uno de estos atributos y aquel del que dependen (*CodArt*). Como en este caso, ambos atributos dependen del mismo (*CodArt*), no es necesario crear una relación nueva por cada uno de ellos, sino solamente una que albergue los dos atributos y aquel del que dependen como clave. El esquema relacional en 2FN nos quedará como sigue:

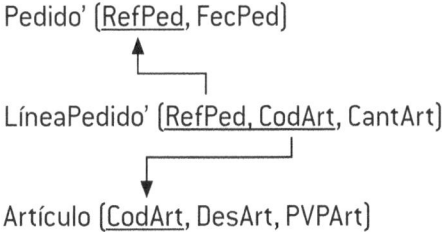

3.5.4. Tercera forma normal (3FN)

Una relación se encuentra en 3FN si estando en 2FN, cada atributo que no forme parte de una clave candidata depende directamente de ella, es decir, si no hay dependencias transitivas. Toda relación en 2FN con menos de dos atributos no clave ya se encuentra automáticamente en 3FN.

Para eliminar las dependencias transitivas se elimina de la relación que no está en 3FN el atributo que genera la dependencia transitiva y se crea una tabla con el/los atributo/s transitivo/s y el atributo del que depende o por medio del cual mantiene/n la transitividad.

Así, si tenemos la relación R ($\underline{A}$, B, C) con las siguientes dependencias funcionales:

$$A \xrightarrow{\not} B \to C$$

existe una dependencia funcional transitiva de *C* respecto de *A* porque *C* depende de *B* y no directamente de *A*, que es la clave. Se solucionaría este problema, es decir, se pasaría la relación a 3FN, con el siguiente esquema relacional:

$$R1\ (\underline{A}, B)$$

$$R2\ (\underline{B}, C)$$

Consideremos la relación *Coche (Matrícula, Marca, Modelo, Color),* a la que ya nos referimos al explicar las dependencias funcionales transitivas en el apartado 3.5.1. En esta relación, *Marca* tiene una dependencia funcional transitiva respecto de *Matrícula* a través de *Modelo* porque:

$$\text{Matrícula} \xrightarrow{\not} \text{Modelo} \to \text{Marca}$$

Por este motivo, esta relación no se encuentra en 3FN y para pasarla a esta forma normal lo que hemos de hacer es eliminar de la relación *Coche* el atributo transitivo (*Marca*) y crear una nueva relación con dicho atributo más aquel del que depende, siendo este último la clave primaria de esta nueva relación. El resultado sería el siguiente esquema relacional:

$$\text{Coche' } (\underline{\text{Matrícula}}, \text{Modelo}, \text{Color})$$

$$\text{Modelos } (\underline{\text{Modelo}}, \text{Marca})$$

3.5.5. Otras formas normales (FNBC, 4FN, 5FN)

En esta sección se van a estudiar las formas normales superiores, que son la forma normal de Boyce/Codd (FNBC), la cuarta forma normal (4FN) y la quinta forma normal (5FN).

Forma normal de Boyce/Codd (FNBC)

La definición original de Codd de 3FN tenía ciertas deficiencias. Concretamente, no manejaba de manera satisfactoria una relación en la cual hay varias claves candidatas, esas claves candidatas son compuestas, y las claves candidatas se solapan (tienen algún atributo en común). Así pues, se definió una forma normal más potente.

Una relación está en FNBC si todo determinante existente en la relación podría por sí mismo ser clave de la misma, es decir, es clave candidata.

$$A \rightarrow B \qquad\qquad (A,B) \rightarrow C$$

determinante   determinante

Se demuestra que toda relación que esté en FNBC ya está en 3FN. Lo contrario no es cierto.

Consideremos la siguiente relación R (A, B, C) donde (A, B) → C y C → B. Tenemos dos determinantes (A,B) y C, de los que uno solo es clave candidata (A,B), por lo que la relación no se encuentra en FNBC.

Para poner una relación en FNBC:

1. Se crea una tabla con la parte de la clave que es independiente (A) y todos los atributos no primarios (C).

$$R_1 (A, C)$$

2. Se crea otra tabla con la parte de la clave restante y el atributo secundario del que depende, y será este último la clave de la nueva tabla.

$$R_2 (C, B)$$

Consideremos la relación Postal (Dirección, Población, CP)

Dirección	Población	CP
Pez, 5	Móstoles	28823
Luz, 5	Móstoles	28823
Mar, 4	Madrid	28019
Sal, 4	Madrid	28007
Sal, 4	Torrejón	28809

Figura 3.17. Relación *Postal.*

En esta relación tenemos las siguientes reglas semánticas:

1. Puede existir el mismo nombre de calle en dos ciudades.

2. Una calle puede tener un tramo con un código postal y otro tramo con un código postal diferente.

3. Un código postal no puede abarcar dos poblaciones ni en todo ni en parte.

4. No existen dos poblaciones con el mismo nombre.

Esta relación está en 3FN, pero no en FNBC, porque tenemos las siguientes dependencias funcionales:

$$(\text{Dirección, Población}) \rightarrow CP$$
$$CP \rightarrow \text{Población}$$

Tenemos dos determinantes: *(Dirección, Población),* que sí es clave candidata, pero CP no lo es porque puede haber varias tuplas con el mismo CP. Pasamos la relación a FNBC:

Distritos (CP, Población)

Direcciones (Dirección, CP)

Cuarta forma normal (4FN)

Una relación se encuentra en 4FN si está en FNBC y no existen dependencias multivaluadas. Las dependencias multivaluadas ocasionan problemas en el mantenimiento de la relación que las presenta. Estos inconvenientes se resuelven descomponiendo la relación que presenta las dependencias multivaluadas.

Así, dada la relación R (X, Y, Z) con las dependencias multivaluadas X →→ Y y X →→ Z, la relación puede descomponerse en R1 (X, Y) y R2 (X, Z). Como se puede ver, estas relaciones contienen cada una de ellas uno de los atributos con valores múltiples.

La relación *Cursos (Curso, Profesor, Texto),* estudiada al explicar las dependencias multivaluadas en el apartado 3.5.1, presenta las dependencias multivaluadas:

Curso →→ Profesor

Curso →→ Texto

y, por tanto, no se encuentra en 4FN, la solución sería crear las dos siguientes relaciones:

Cursos1 (Curso, Profesor)

Cursos2 (Curso, Texto)

Curso	Profesor
Diseño de bases de datos	José Manuel Piñeiro
Diseño de bases de datos	Ana Santos
Programación orientada a objetos	Laura Gil
Programación orientada a objetos	Mario Pérez

Curso	Texto
Diseño de bases de datos	Gestión de bases de datos
Diseño de bases de datos	Fundamentos de bases de datos
Programación orientada a objetos	Fundamentos de programación
Programación orientada a objetos	Programación en Java

Figura 3.18. Relaciones en 4FN.

Quinta forma normal (5FN)

Una relación se encuentra en 5FN si para toda dependencia de reunión, cada proyección incluye una clave de la tabla original. Las dependencias de reunión son difíciles de detectar y la aplicación de esta forma normal no es muy común. Además, el resultado de su aplicación es muchas veces cuestionable por la complejidad que añade la división de la relación original en un número importante de nuevas relaciones.

Considerando la relación expuesta en el apartado 3.5.1 en la sección correspondiente a las dependencias de reunión, como las proyecciones de la Figura 3.15 no contienen la clave de la tabla de partida, esta no se encuentra en 5FN. Para solucionar este problema, la tabla vendedores-electrodomésticos-marcas debe descomponerse en las tres tablas que constituyen las proyecciones de la misma figura.

3.5.6. Desnormalización. Razones para la desnormalización

Una de las tareas que se suele realizar como parte del diseño lógico, después de obtener un esquema lógico normalizado, es considerar la introducción de ciertas redundancias controladas y otros cambios en el esquema. Ocurre que a veces puede ser adecuado relajar las reglas de normalización introduciendo redundancias de forma controlada con el fin de mejorar las prestaciones del sistema.

Se podría hablar de dos tipos de bases de datos distinguibles básicamente por el tipo de operaciones predominantes sobre ellas, a saber: las bases de datos en las que predominan las consultas y aquellas en las que son más frecuentes las actualizaciones (altas, bajas y modificaciones). Para el segundo caso, es más conveniente el promover una minimización de la redundancia, no planteándose casi nunca la posibilidad de relajar las reglas de normalización. Sin embargo, para las bases de datos en las que predominan las consultas, puede ser conveniente en algunos casos realizar cierta desnormalización con el fin de que dichas consultas sean lo más eficientes posibles.

En la etapa de diseño lógico es conveniente llegar al menos hasta la tercera forma normal para obtener un esquema relacional con una estructura consistente y sin redundancias. No obstante, ocurre a veces que las bases de datos así normalizadas no proporcionan la máxima eficiencia, siendo por tanto recomendable volver atrás y desnormalizar algunas tablas con el fin de mejorar las prestaciones. Cabe señalar que la desnormalización solo se debe llevar a cabo si se considera que el sistema no puede llegar a las prestaciones deseadas. Además, el que algunas veces sea conveniente desnormalizar no conlleva en ningún caso eliminar la fase de normalización del diseño lógico. Se debe tener en cuenta, asimismo, que la desnormalización conlleva las siguientes desventajas:

- Puede ralentizar las actualizaciones, motivo por el cual no es conveniente llevarla a cabo en las bases de datos en las que predominan las actualizaciones.

- Debido a las redundancias que se pueden generar, alguien se debe encargar de asegurar la integridad de los datos para evitar que se produzcan inconsistencias. Ante esta situación, se pueden plantear dos alternativas. La primera de ellas consiste en que sean los programas de aplicación los que se responsabilicen de la integridad de los datos. La segunda opción, más adecuada, sería la creación de disparadores, o *triggers,* mediante cuya ejecución se garantice la integridad de los datos. Un disparador es un procedimiento almacenado en la base de datos cuya ejecución se lleva a cabo al realizar una operación de actualización de la base de datos (alta, baja o modificación). De esta manera, mediante la ejecución de este procedimiento se garantizará que las diversas copias redundantes se mantengan consistentes.

- Puede ser más difícil la inclusión de nuevas entidades de datos futuras por ampliación de la aplicación, al haberse realizado desviaciones con respecto al modelo de datos normalizado.

Se podría decir que si un número importante de consultas sobre una base de datos requiere de combinaciones de más de cinco o seis tablas, entonces es aconsejable el uso de la desnormalización. Naturalmente, esto solo en el caso de que se trate de una base de datos en la que no predominen las actualizaciones, como se indicó anteriormente.

A continuación, se van a analizar diversas situaciones comunes en las que se puede considerar la posibilidad de desnormalizar.

Combinar relaciones de uno a uno

Puede ser conveniente reunir en una sola tabla los atributos de dos tablas involucradas en una relación de 1 a 1 si se accede a las dos tablas de manera conjunta con frecuencia y apenas se accede a ellas por separado. Por ejemplo, si disponemos de dos entidades *Instituto* y *Director* vinculadas a través de una relación 1:1, lo habitual sería disponer del siguiente esquema relacional:

Instituto (<u>NomIns</u>, DirIns, CPIns, LocalidadIns, NIFDir)

Director (<u>NIFDir</u>, NomDir, AntigüedadDir)

Si se sabe que con frecuencia se accede a estas dos tablas conjuntamente (lo que implica realizar una combinación de las dos tablas) y apenas se accede a ellas por separado, se pueden unir en una sola tabla, como la siguiente:

Instituto (<u>NomIns</u>, DirIns, CPIns, LocalidadIns, NIFDir, NomDir, AntigüedadDir)

Duplicar atributos no clave en relaciones de uno a varios

Para evitar, como en el caso anterior, combinaciones entre dos tablas, pueden incluirse atributos de la tabla correspondiente a la cardinalidad 1 en la tabla a la que corresponde la cardinalidad n. Por ejemplo, si tenemos una tabla que contiene datos de los departamentos de que consta la empresa y otra con datos de los empleados que trabajan en ellos, en principio tendríamos el siguiente esquema relacional:

Empleado (<u>NSSEmp</u>, NomEmp, DirEmp, TelEmp, NumDep)

Departamento (<u>NumDep</u>, NomDep, DirDep)

Si sabemos que con frecuencia en las consultas en las que se muestran los datos de los empleados también se requiere mostrar los del departamento en el que trabaja cada empleado, sería conveniente reunir los atributos de las dos tablas en una sola, dando lugar a la siguiente tabla:

Empleado (<u>NSSEmp</u>, NomEmp, DirEmp, TelEmp, NumDep, NomDep, DirDep)

Duplicar atributos en relaciones de varios a varios

Cuando nos encontramos con una relación de varios a varios N:M entre dos entidades, al llevar a cabo el diseño lógico, se crea una tabla con los atributos clave de las entidades relacionadas y los atributos propios de la relación. Si se quiere obtener información de la relación de varios a varios, en la mayoría de los casos será necesario realizar la combinación de las tres tablas, lo que es computacionalmente costoso. Se puede evitar esto incluyendo algunos atributos de las tablas originales en la tabla que se crea a partir de la relación N:M. Consideremos, por ejemplo, que se dispone del siguiente esquema relacional, ya estudiado anteriormente:

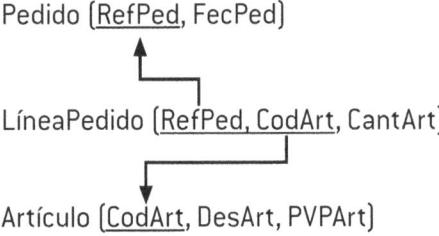

Pedido (<u>RefPed</u>, FecPed)

LíneaPedido (<u>RefPed, CodArt</u>, CantArt)

Artículo (<u>CodArt</u>, DesArt, PVPArt)

Si se sabe que con frecuencia cuando se muestra información de las líneas de pedido, hay que mostrar también la descripción de cada artículo y su precio, se puede valorar la posibilidad de incluir estos dos atributos (*DesArt* y *PVPArt*) en la tabla *LíneaPedido*.

Incluir datos derivados

Cuando en una consulta hay que obtener un dato derivado de otros, puede ahorrarse tiempo si este dato ya está precalculado en algún atributo de la tabla. Por ejemplo, en el esquema relacional del apartado anterior se podría añadir en la tabla *LíneaPedido* el importe de la línea de pedido (*ImpLin*) si sabemos que se trata de un dato que se consulta muy frecuentemente. Se trata de un dato derivado porque resulta de multiplicar el atributo *CantArt* de la tabla *LíneaPedido* (número de unidades solicitadas de un artículo) por el importe del artículo (atributo *PVPArt* de la tabla *Artículo*).

Partición de tablas

Algunas veces, de una tabla grande solamente interesa para la realización de la mayoría de los procesos una pequeña parte de la misma. Se podría mejorar el tiempo de estos procesos almacenando en una sola tabla los atributos más usados, dejando el resto de atributos en otra tabla. Al ser la tabla con accesos más frecuentes de menor tamaño, los accesos a ella se realizarán más rápidamente.

En este caso los datos más usados son unos determinados atributos de la tabla y para aumentar la eficiencia de las consultas deberíamos realizar una partición vertical de la tabla. A la hora de realizar una partición o fragmentación vertical de una tabla, hemos de tener en cuenta que todas las particiones deben incluir el/los atributo/s clave primaria de la tabla para poder en cualquier caso recuperar la información original.

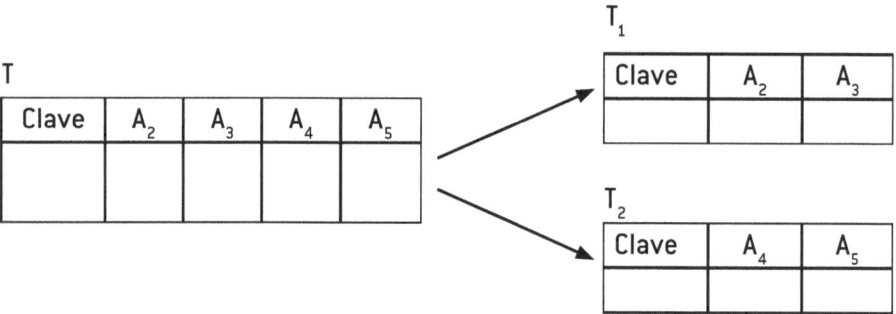

Figura 3.19. Fragmentación vertical.

Por ejemplo, si disponemos de una tabla con datos sobre los empleados de una empresa que incluye, por un lado, sus datos personales (número de seguridad social, nombre, dirección y teléfono), y por otro, datos sobre su trabajo en la empresa (cargo y cualificación), y sabemos que los datos personales son mucho más accedidos que los otros, se podrían crear dos fragmentos verticales: uno con los datos personales y otro con los datos sobre su trabajo. Ambos fragmentos deberían incluir la clave primaria (número de seguridad social).

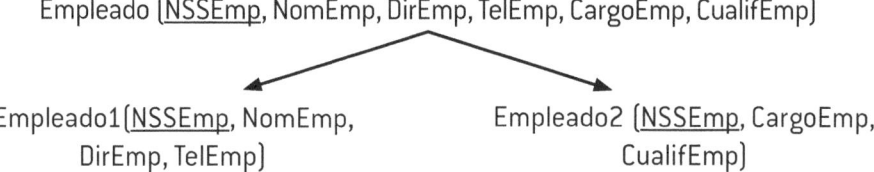

Empleado (NSSEmp, NomEmp, DirEmp, TelEmp, CargoEmp, CualifEmp)

Empleado1 (NSSEmp, NomEmp, DirEmp, TelEmp)

Empleado2 (NSSEmp, CargoEmp, CualifEmp)

Hemos de tener en cuenta que una fragmentación vertical conlleva los siguientes inconvenientes:

- Cuando se dé de alta un nuevo empleado en la empresa habrá que añadir una tupla en cada una de las dos tablas (*Empleado1* y *Empleado2*). Si un empleado deja de trabajar en la empresa, también será preciso eliminar una fila de cada una de las dos tablas.

- Si se quiere consultar para uno o varios empleados cierta información que incluya datos de las dos tablas, será necesario realizar una combinación de ambas tablas.

- Si es necesario combinar los datos de empleados con los de otras tablas y se precisan datos de las dos tablas (*Empleado1* y *Empleado2*), entonces es necesario realizar una combinación adicional con la/s otra/s tabla/s.

- Si en el futuro cambiara la frecuencia de uso de los campos de las dos tablas, podría ser necesario reestructurar las tablas, lo que conllevaría modificaciones en los programas de aplicación que traten estas tablas.

En otros casos, puede ocurrir que los datos más accedidos sean unas determinadas filas de una tabla. En este caso, para aumentar la eficiencia puede ser conveniente realizar una fragmentación horizontal de la tabla, quedando en un fragmento las filas con los datos más accedidos y, en el otro, las filas correspondientes a los datos menos accedidos.

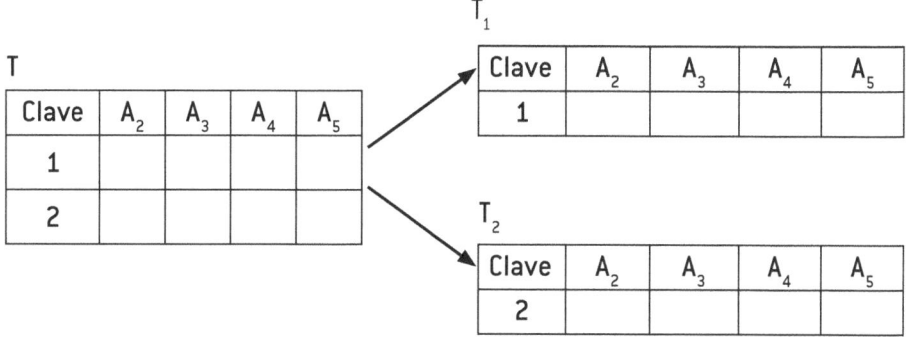

Figura 3.20. Fragmentación horizontal.

Hemos de tener en cuenta que una fragmentación horizontal conlleva los siguientes inconvenientes:

- Cuando se dé de alta un nuevo empleado en la empresa habrá que añadir una tupla en una de las dos tablas (*Empleado1* o *Empleado2*), por lo que los programas dependen del criterio de fragmentación que se haya adoptado.

- Cuando se quieran consultar los datos de un empleado de la empresa habrá que saber a cuál de las dos tablas acudir (*Empleado1* o *Empleado2*), por lo que los programas dependen del criterio de fragmentación que se haya adoptado.

- Si hay que llevar a cabo consultas que afectan a empleados de los dos fragmentos, es necesario emplear el operador *union*, lo que es computacionalmente costoso.

- Si hay que combinar datos de empleados con datos de otras tablas, es necesario realizar varias combinaciones.

- Si en el futuro cambiara la frecuencia de uso de las filas de las dos tablas, podría ser necesario reestructurar las tablas, lo que conllevaría modificaciones en los programas de aplicación que traten estas tablas.

Atributos repetidos en la misma fila

La primera forma normal tiene por objetivo eliminar los grupos repetitivos que se presentan en una relación, originando una nueva tabla con los atributos del grupo repetitivo más la clave primaria de la relación de partida. Por ejemplo, disponemos de la siguiente relación, en la que se almacena por cada universidad su rector y sus vicerrectores:

$$\text{Universidad (}\underline{\text{NomUni}}\text{, Rector, Vicerrector...)}$$

Al haber varios vicerrectores (tres como máximo), tenemos un grupo repetitivo, por lo que la relación en 1FN quedaría como sigue:

$$\text{Universidad}_1\text{ (}\underline{\text{NomUni}}\text{, Rector)}$$

$$\uparrow$$

$$\text{Univesidad}_2\text{ (}\underline{\text{NomUni, Vicerrector}}\text{)}$$

La obtención del rector y vicerrectores de cada universidad implicaría combinar las dos tablas y leer entre dos y cuatro filas de datos. Para evitar esto, se puede desnormalizar de la manera que se indica a continuación.

Si en este caso sabemos que el número máximo de vicerrectores de una universidad es de tres, se podrían condensar todos los atributos en una sola relación:

Universidad (NomUni, Rector, Vicerrector$_1$, Vicerrector$_2$, Vicerrector$_3$)

Esto tendría el inconveniente de que en aquellos casos en los que haya menos de tres vicerrectores para una universidad, habría uno o varios atributos con valor nulo.

4. El ciclo de vida de un proyecto

Contenido

4.1. El ciclo de vida de una base de datos

Una base de datos es uno de los elementos más importantes que es necesario crear dentro de un proyecto de desarrollo de software, el componente que va a almacenar los datos y sobre el que van a operar todos o casi todos los programas de aplicación.

La creación de una base de datos es una operación costosa, difícil y de larga duración que debe planificarse con anterioridad, para que la base de datos represente de la mejor manera posible la realidad que se pretende modelar y para que los programas de aplicación y procedimientos que operen sobre ella satisfagan las necesidades de sus usuarios. Por este motivo, es conveniente hablar del ciclo de vida de una base de datos, entendiendo este como el periodo de tiempo que transcurre desde que se crea una base de datos hasta que deja de estar operativa. Pues bien, este ciclo de vida consta de una serie de tareas secuenciales que deben llevarse a cabo en el orden que muestra la Figura 4.1, si bien puede ser necesario realizar vueltas atrás en algunos casos (representadas en la figura por las flechas con trazado discontinuo). La fase de explotación o de producción hace referencia al periodo de tiempo durante el cual la base de datos está siendo empleada por la empresa u organismo en su quehacer diario.

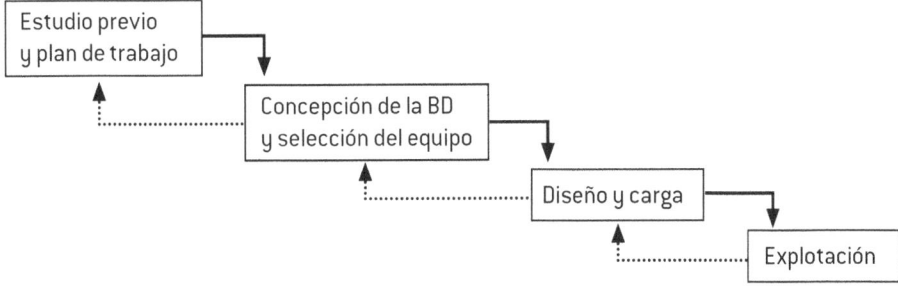

Figura 4.1. Fases del ciclo de vida de una base de datos.

Estas tareas que forman parte del ciclo de vida de una base de datos se exponen en las siguientes subsecciones.

4.1.1. Estudio previo y plan de trabajo. Actividades

Como ya se ha indicado, antes de crear una base de datos es necesario planificar el proyecto de desarrollo de software dentro del cual se va a emplear la base de datos, lo que incluirá la realización de un estudio de viabilidad del proyecto, la estimación del plazo necesario para la realización del proyecto, su coste y los recursos materiales y humanos precisos para el mismo, y finalmente el establecimiento del plan de trabajo detallado necesario para acometer el proyecto.

Estudio de viabilidad

Todo proyecto de desarrollo de *software* tendrá como punto de partida el que una persona o un grupo de personas han detectado que es preciso satisfacer necesidades de soporte informático dentro de la compañía u organismo. Antes de emprender un proyecto se deben fijar sus objetivos y se debe realizar un estudio de viabilidad del mismo, consistente básicamente en determinar los riesgos del proyecto y en valorar si los beneficios que aportaría llevar a cabo el proyecto compensan los costes que conlleva. Este estudio de viabilidad se refiere a diversos aspectos:

- Económico: consiste en determinar si compensa económicamente llevar a cabo el proyecto, es decir, si los beneficios económicos que supone compensan los costes. Para determinar esto se suele llevar a cabo un análisis de coste-beneficio del proyecto, cuyas conclusiones serán muy importantes para que la dirección del proyecto decida continuar con el mismo o cancelarlo. Para llevar a cabo este análisis, se suele crear una tabla en cuyas columnas aparecen los años de vida del proyecto y en cuyas filas se escriben cada uno de los beneficios económicos y costes por cada uno de los años de vida del proyecto. Como resultado de restar los costes de los beneficios del proyecto por cada uno de los años, se puede realizar una estimación que nos indicará si merece la pena llevar a cabo el proyecto desde el punto de vista económico. Realizar este análisis de coste-beneficio no resulta una tarea sencilla porque en muchos casos los beneficios son difíciles de cuantificar económicamente, pues puede haber muchos beneficios que se pueden considerar "intangibles" y que son subjetivos, como una mejora en la imagen de la empresa, mayor fiabilidad, una ventaja competitiva en el mercado, etc. Sea como fuere, es cierto que el análisis de la viabilidad económica del proyecto es el aspecto dentro del estudio de viabilidad al que se le suele dar mayor relevancia.

- Legal: consiste en determinar si el proyecto puede atentar contra alguna ley o reglamento, como por ejemplo, el Real Decreto Legislativo 1/1996, de 12 de abril, por el que se aprueba el texto refundido de la Ley de Propiedad Intelectual o la Ley Orgánica 3/2018, de 5 de diciembre, de Protección de Datos Personales y garantía de los derechos digitales.

- Técnico: consiste en estudiar si está disponible la tecnología necesaria para llevar a cabo el proyecto, si se pueden implementar las funciones requeridas, etcétera.

- Operativo: consiste en determinar si el proyecto es susceptible de ser implantado en la empresa, en el sentido de si encaja en la filosofía de la empresa, si el personal está motivado para utilizar la aplicación convenientemente, etcétera.

Es obvio que en esta fase no solo participará personal técnico, sino también directivos de la empresa para la cual se plantea el proyecto, los cuales, serán los que al final de esta fase decidan si llevar a cabo el proyecto o no. Además, es importante recalcar que si se emprende un proyecto de desarrollo de *software* sin el pleno apoyo de la dirección, aumentan considerablemente las posibilidades de fracaso del mismo, por lo que los costes del proyecto, que frecuentemente son muy elevados, no estarían justificados.

Estimación de plazos y costes

Antes de iniciar un proyecto es necesario realizar una estimación del coste económico del mismo y del plazo necesario para su realización.

En el caso de un proyecto de desarrollo de *software,* aunque habrá algunos costes referentes a recursos materiales necesarios para llevar a cabo el proyecto, la mayoría de los costes serán motivados por las horas/días/meses de trabajo de las personas encargadas del desarrollo. Por este motivo, el coste de un proyecto se suele medir en lugar de en unidades monetarias (euros en nuestro caso) en salarios mensuales que deben pagarse, o lo que es lo mismo, en personas-mes. No obstante, una vez calculadas las personas-mes, también se podrá calcular el coste en euros multiplicando el número de personas-mes por el importe de cada salario mensual.

Existen, en la línea de lo que indican Piattini *et al.* (2007), cuatro métodos básicos de estimación de costes y plazos de proyectos:

- Juicio de expertos: varios expertos estiman el coste y plazo de un proyecto basándose en su experiencia.

- Estimación por analogía: consiste en estimar el plazo y coste del proyecto en función de su similitud o diferencia con respecto a proyectos finalizados de los que se conoce su coste y plazo de desarrollo.

- Descomposición: consiste en descomponer el proyecto en tareas sencillas de tal manera que la estimación del coste y plazo necesario para llevar a cabo cada tarea sea más fácil de estimar. El coste total del proyecto se obtendrá realizando el sumatorio del coste de todas las tareas. Sin embargo, el cálculo del plazo necesario para realizarlo no se obtendrá necesariamente sumando los plazos de las tareas individuales, puesto que es más que probable que haya diversas tareas cuya realización se pueda solapar en el tiempo.

- Ecuaciones o modelos de estimación: se trata de fórmulas matemáticas que en base a determinadas características del proyecto (tamaño del *software* estimado en líneas de código o puntos de función, entorno de desarrollo del proyecto, etc.) calculan el coste y/o el tiempo de desarrollo del proyecto. Destacan modelos como el COCOMO o SLIM.

Determinación de la estructura orgánica

Antes de emprender el proyecto, es necesario determinar la estructura orgánica del equipo encargado de su desarrollo.

Dentro de este equipo existirá una figura fundamental, la del jefe o director de proyecto, que será la persona encargada de dirigir las tareas del proyecto, de planificarlo, de realizar el seguimiento del mismo para ver si se cumplen los costes y plazos previstos, etcétera.

La selección del jefe de proyecto es una tarea complicada. No obstante, como indican Piattini *et al.* (2007), es importante que el jefe de proyecto mantenga un buen nivel en cuatro áreas distintas: relación con el negocio, competencias personales, competencias de actuación interpersonal y gestión.

Centrándonos en la base de datos, la figura más relevante es la del administrador de la base de datos, cuyas funciones ya se trataron en la sección 1.3.10, y que, en este momento deberán ser concretadas. Se deberán asimismo establecer quiénes van a ser las personas encargadas de la creación de la base de datos y de su funcionamiento. También se deberá determinar en este momento qué personas van a ser las encargadas de utilizar y actualizar la base de datos. Será el administrador de la base de datos quien posteriormente, con el acuerdo de los usuarios de la misma, redactará una normativa detallada que regule estos aspectos.

Establecimiento del plan de trabajo detallado

Una vez que se han estimado los plazos y costes necesarios para la realización del proyecto y que se ha establecido la estructura orgánica para llevarlo a cabo, será hora de establecer las fases en que se dividirá el proyecto, las tareas que se deberán llevar a cabo en cada una de estas fases, la fecha estimada de comienzo y de fin de cada tarea y los recursos humanos y materiales necesarios para llevar a cabo cada tarea.

Para realizar esta planificación habrá que tener en cuenta la disponibilidad de los recursos humanos que las llevarán a cabo y también la de los usuarios, cuya participación será necesaria en diversos momentos a lo largo del desarrollo de la aplicación.

Este plan de trabajo detallado será en lo que se base el jefe de proyecto a la hora de realizar el seguimiento y control del proyecto. Esta tarea consistirá en comprobar periódicamente en qué medida el proyecto va cumpliendo con las previsiones de costes y de plazos, de manera que en caso de que el proyecto se desvíe con respecto a las fechas o los costes previstos, se podrán tomar acciones correctivas que impidan la finalización del proyecto mucho más tarde de lo previsto o con un coste mucho mayor del contemplado.

El plan de trabajo detallado deberá ser aprobado por la dirección antes de progresar a la siguiente etapa de concepción de la base de datos. En caso de que este plan no sea aprobado por la dirección, puede ser necesario reelaborarlo, reconsiderando los objetivos del proyecto, los recursos necesarios para llevarlo a cabo, los plazos, etcétera.

4.1.2. Concepción de la BD y selección del equipo lógico y físico

En esta fase se realizará un análisis de la información que se va a almacenar en la base de datos y este análisis se plasmará en un esquema conceptual. Para obtener este esquema conceptual se utilizará un modelo conceptual, como el modelo Entidad-Relación. Recordemos que los modelos conceptuales son modelos altamente semánticos e independientes del SGBD que se vaya a emplear para la implantación de la base de datos.

Además, durante esta fase, en caso de que no se disponga del equipo donde se vaya a implantar la base de datos, será necesario evaluarlo y seleccionarlo.

Conceptos generales acerca del análisis de aplicaciones

Una base de datos, como se indicó anteriormente, siempre se emplea en el seno de una determinada aplicación informática y, por tanto, las tareas relacionadas con el diseño, creación y utilización de la base de datos, es posible enmarcarlas dentro de la tarea más global de desarrollo de aplicaciones informáticas.

En la década de los setenta del siglo xx se produjo lo que se conoce como la "crisis del *software*", que se refiere a un conjunto de problemas encontrados en el desarrollo de *software*. Esta crisis abarcaba cómo desarrollar el *software*, cómo mantenerlo y cómo satisfacer la demanda creciente de *software*.

Los pasos que había que seguir para intentar solucionar esta crisis son los siguientes:

- Reconocer los problemas.

- Determinar las causas.

- Eliminar los mitos del *software*, que son aquellas creencias relacionadas con el desarrollo del *software* que no son verdad.

Los problemas fundamentales del *software* eran:

*   La planificación y estimación de costes es frecuentemente muy imprecisa.

*   La productividad de la gente del *software* no se corresponde con la demanda de sus servicios.

*   La calidad del *software* no llega a veces a ser ni adecuada.

Se llegó a la conclusión de que todos estos problemas podían corregirse y que la clave estaba en dar un enfoque de ingeniería al desarrollo del *software*, junto con la mejora de las técnicas y las herramientas.

Las causas de estos problemas las podemos encontrar en el carácter del propio *software* y en los errores de las personas encargadas de su desarrollo.

Todo esto desembocó en el nacimiento de la ingeniería del *software*, que es una disciplina para el desarrollo de *software*, que surgió a partir de la ingeniería de sistemas y de *hardware*. La definición que propuso Fitz Bauer para la ingeniería del *software* fue: el establecimiento y uso de principios de ingeniería para llegar a obtener un *software* rentable, que sea fiable y que funcione eficientemente en máquinas reales.

El objetivo fundamental de la ingeniería del *software* es, por tanto, regular de alguna manera el desarrollo de *software*, establecer de manera clara las tareas que es necesario realizar para crear aplicaciones informáticas, realizando controles que aseguren que la calidad de los programas resultantes sea aceptable. Hay diferentes maneras de concebir el desarrollo de *software* como una serie de tareas, dando lugar a lo que se conoce como diferentes paradigmas de la ingeniería del *software*. De estos paradigmas, el más clásico y conocido es el ciclo de vida clásico o modelo en cascada.

El ciclo de vida clásico plantea el desarrollo y explotación de una aplicación *software* como una secuencia de actividades sucesivas y diferentes que se van realizando una tras otra, como se muestra en la siguiente figura:

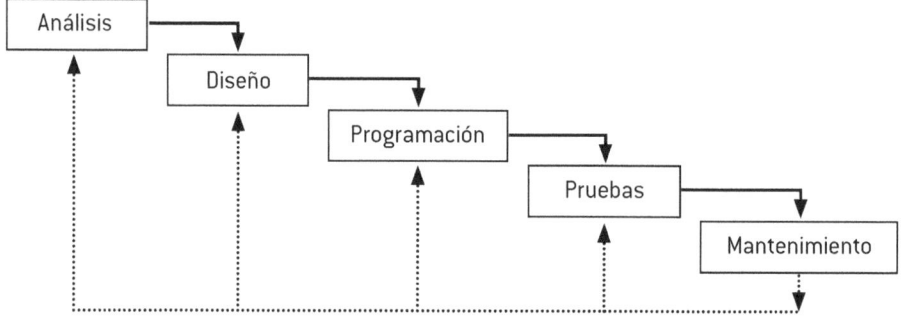

Figura 4.2. Ciclo de vida clásico o modelo en cascada.

Se van a explicar a continuación el cometido de cada una de las fases del ciclo de vida clásico:

- Análisis: durante esta fase se analizan las necesidades de los usuarios potenciales del *software* para determinar qué debe hacer la aplicación y, de acuerdo con ello, escribir una especificación precisa de dicho sistema. Durante esta fase se pretende responder a las siguientes preguntas: qué información ha de ser procesada, qué función y rendimiento se desea, qué interfaces deben establecerse, qué restricciones de diseño existen y qué criterios de validación se necesitan para definir un sistema correcto. Todo esto se plasma en modelos conceptuales detallados de las estructuras de datos (diagramas Entidad-Relación, por ejemplo) y de los procedimientos que para su gestión les son aplicables.

- Diseño: durante esta fase se traducen los requisitos resultado de la fase anterior en componentes de *software* (tablas de una base de datos, programas con procedimientos o funciones, clases con atributos y métodos, etcétera).

- Programación: consiste en traducir los resultados de la fase de diseño en una forma legible para la máquina, es decir, se escribe el código fuente de cada componente de *software* empleando un determinado lenguaje de programación. Si el diseño se realizó de manera detallada, la programación puede realizarse casi mecánicamente.

- Pruebas: durante esta fase se deben realizar pruebas que examinen exhaustivamente el *software* y que comprueben si la entrada proporcionada al programa genera los resultados deseados. Se comienza probando cada componente de *software* por separado y posteriormente se integran poco a poco hasta probar el programa completo. Como resultado de estas pruebas se descubrirán errores, como consecuencia de los cuales puede ser necesario modificar el código, e incluso rehacer las tareas de diseño y/o análisis.

- Mantenimiento: el *software* sufrirá cambios después de que se entregue al cliente. Los cambios ocurrirán debido a que se hayan encontrado errores (mantenimiento correctivo), a que el *software* deba adaptarse a cambios del entorno externo, por ejemplo, un nuevo sistema operativo (mantenimiento adaptativo), o debido a que el cliente requiera ampliaciones funcionales o de rendimiento (mantenimiento perfectivo). El mantenimiento aplica cada uno de los pasos precedentes del ciclo de vida a un programa existente en vez de a uno nuevo.

El modelo de ciclo de vida en cascada trata de aislar cada fase de las siguientes de manera que las tareas sucesivas puedan ser realizadas por grupos de personas diferentes, facilitando la especialización. De esta manera, podemos encontrar perfiles profesionales diferentes, tales como analista, diseñador y programador.

Para conseguir esta relativa independencia, es fundamental que en cada fase se genere una información de salida precisa y suficiente para que otras personas puedan acometer la fase siguiente. Se insiste así en la necesidad de establecer unos modelos de documentación apropiados. En general, se suelen exigir los documentos siguientes:

- Especificación de requisitos del *software* (ERS), como producto de la fase de análisis. Consiste en una especificación sencilla y precisa de lo que debe hacer el sistema, prescindiendo de los detalles internos.

- Documento de diseño del *software*, como producto de la fase de diseño. Consiste en una descripción de la estructura global del sistema y la especificación de qué debe hacer cada una de sus partes y cómo se combinan unas con otras.

- Código fuente, como producto de la fase de programación. Contiene los programas fuente en el lenguaje de programación elegido y debidamente comentados para conseguir que se entiendan con claridad.

- El sistema *software* ejecutable, como producto de la fase de pruebas. Deben documentarse también las pruebas realizadas sobre el sistema completo.

- Documentos de cambios, tras cada modificación realizada durante el mantenimiento. Los documentos de cambios suelen recopilar información sobre cada problema detectado, la descripción de la solución adoptada y las modificaciones realizadas sobre el sistema para aplicar dicha solución.

El modelo en cascada hace énfasis también en la necesidad de terminar correctamente cada fase antes de comenzar la siguiente. Esto se debe a que los errores producidos en una fase son muy costosos de corregir si ya se ha realizado el trabajo de las fases siguientes.

Para detectar los errores lo antes posible y evitar que se propaguen a fases posteriores, se establece un proceso de revisión al completar cada fase, antes de pasar a la siguiente. Esta revisión se realiza fundamentalmente sobre la documentación producida en esa fase y se hace de una manera formal. Si, a pesar de todo, durante la realización de una fase se detectan errores en el resultado de fases anteriores, será necesario rehacer parte del trabajo volviendo a un punto anterior del ciclo de vida, como se indica con línea discontinua en la Figura 4.2.

Debido a que es difícil conocer desde el inicio del proyecto los requisitos de la aplicación de manera detallada y a que estos requisitos pueden variar con el paso del tiempo, surgieron después del modelo en cascada otro tipo de modelos, los llamados modelos evolutivos o incrementales. En estos modelos, en vez de enfrentarse al desarrollo de una aplicación como un todo, esta se divide en varios ciclos en cada uno de los cuales se obtiene un incremento de software. Así, en un primer ciclo se obtendrá una versión reducida de la aplicación (primer incremento del *software*), que se desarrollará completamente (análisis, diseño, programación y pruebas), incluyendo la evaluación del cliente. Luego se añadirán nuevas funcionalidades para el segundo incremento de *software,* y así sucesivamente. De esta manera, se van incorporando nuevas funcionalidades progresivamente y se pueden detectar fallos antes, lo que reduce el coste de los cambios que hay que incorporar. El último incremento se convierte en la versión final de la aplicación que se entrega al cliente.

Concepción de la base de datos

A partir de una o varias personas conocedoras de los datos que es necesario procesar en el sistema que se desea desarrollar y de las políticas de protección en relación con dichos datos, se debe realizar la primera etapa del diseño de una base de datos: el diseño conceptual. A la persona o personas que proporcionan estos datos las llamamos en el Tema 1 administradores de los datos.

El resultado de esta fase es la obtención de un esquema conceptual empleando los conceptos y reglas de un determinado modelo conceptual. El modelo conceptual más empleado en la actualidad es el modelo Entidad-Relación, ampliamente estudiado en el Tema 2. Este esquema conceptual será totalmente independiente del SGBD que se vaya a utilizar para implantar la base de datos y también de las características del ordenador que se emplee para ello.

Selección del equipo físico y lógico necesarios

Una vez realizado el diseño conceptual de la base de datos, será necesario seleccionar el SGBD que se va a utilizar. Por ello, será necesario realizar un estudio de los SGBD existentes en el mercado, de sus características, coste, de las posibilidades que ofrecen, etc. para poder elegir el que se adapte mejor a nuestras exigencias.

Siguiendo a Navathe, Elmasri y Díaz (2007), los factores de que depende la elección de un SGBD u otro se pueden clasificar en tres grandes grupos: técnicos, económicos y relativos a las políticas de la organización:

- Factores técnicos: estos factores tienen que ver con la idoneidad del SGBD para la tareas en cuestión y entre estos factores se pueden incluir:

  — Las estructuras de almacenamiento y caminos de acceso que maneja el SGBD.

  — Las interfaces de usuario y de programador disponibles.

  — Los tipos de lenguajes de consulta que ofrece.

  — La disponibilidad de herramientas de desarrollo.

  — La posibilidad de comunicarse con otros SGBD.

  — Las opciones de arquitectura referentes a las operaciones cliente-servidor.

  — La portabilidad del SGBD entre diferentes tipos de *hardware* y *software,* es decir, la posibilidad de emplear el SGBD con diferentes sistemas operativos y/o diferentes equipos.

- Factores económicos: entre estos factores se pueden incluir los siguientes:

  — El coste de adquisición del *software.*

  — El coste de mantenimiento.

  — El coste de adquisición del *hardware*: puede que dependiendo del SGBD se requiera un equipo u otro, por ejemplo, con más memoria RAM en función de los recursos que consuma el SGBD.

  — Coste de creación y conversión de la base de datos: puede ser necesario crear la base de datos desde cero o bien convertirla desde un sistema existente al nuevo SGBD.

  — Coste de personal.

  — Coste de entrenamiento o formación para el personal que va a utilizar el SGBD.

- Factores relacionados con aspectos organizativos: entre estos factores se pueden incluir los siguientes:

  — Adopción de cierta filosofía en una organización grande: aceptación de cierto proveedor, ciertas metodologías y herramientas de desarrollo, etcétera.

  — Familiaridad del personal con el sistema: si el personal de la empresa ya conoce un SGBD determinado, este puede resultar más recomendable para reducir los costes de entrenamiento y el tiempo de aprendizaje.

  — Disponibilidad de servicios del proveedor: es necesario que el proveedor esté disponible para resolver cualquier problema que se presente con el sistema.

Hoy en día el modelo relacional está tan difundido que es casi seguro que se empleará un SGBD relacional. Pues bien, se dan a continuación unas pinceladas de diferentes SGBD relacionales comerciales existentes en la actualidad:

- Oracle: Oracle Database es un sistema de gestión de bases de datos objeto-relacional desarrollado por Oracle Corporation. Es considerado uno de los SGBD más completos, destacando su soporte de transacciones, estabilidad, escalabilidad y soporte multiplataforma. Su dominio en el mercado de servidores empresariales ha sido casi total hasta hace poco, si bien recientemente sufre la competencia de Microsoft SQL Server de Microsoft y de SGBD relacionales con licencia libre, como PostgreSQL, MySQL o Firebird.

- MySQL: es un SGBD relacional, multihilo y multiusuario. MySQL AB es la compañía de *software* creadora de MySQL. Fue fundada en 1995 y es una de las más grandes empresas de *software* libre del mundo. Esta empresa es desde 2008 una subsidiaria de Sun Microsystems y esta a su vez de Oracle Corporation desde 2009. MySQL AB desarrolla MySQL como *software* libre en un esquema de licencia dual. Así, por un lado, se ofrece bajo la GNU GPL para cualquier uso compatible con esta licencia, pero para aquellas empresas que quieran incorporarlo en productos privativos deben comprar a la empresa una licencia específica que les permita este uso.

- Microsoft SQL Server: es un SGBD producido por Microsoft cuyo lenguaje de consultas se llama Transact-SQL, que es una extensión al SQL de Microsoft y Sybase. Microsoft SQL Server constituye la alternativa de Microsoft a otros potentes SGBD, como Oracle, PostgreSQL y MySQL. Sus características más importantes son: soporte de transacciones, soporte de procedimientos almacenados, incluye un entorno gráfico que permite el uso de órdenes DDL y DML gráficamente, permite trabajar en modo cliente-servidor, donde la información se aloja en el servidor y los terminales o clientes de la red solo acceden a la información, y además permite administrar información de otros servidores de datos.

- PostgreSQL: es un SGBD relacional orientado a objetos y libre publicado bajo licencia BSD. Entre sus características son de destacar las siguientes: soporta transacciones; incluye herencia entre tablas; destaca por soportar tipos de datos aparte de los tipos base, como monetarios, elementos gráficos, cadenas de bits, etc.; permite una alta concurrencia, ya que mientras un proceso escribe en una tabla, otros pueden acceder a la misma tabla sin necesidad de bloqueos; y está diseñado para su empleo en ambientes con grandes volúmenes de datos.

Una vez seleccionado el SGBD, habrá que seleccionar el sistema operativo sobre el que se va a trabajar y el equipo físico. Características relevantes del equipo físico serán su memoria principal (memoria RAM) y secundaria, capacidad de proceso, etc. Así, hay sistemas gestores de bases de datos, como Oracle, que consumen más recursos del ordenador que otros, por lo que requerirán equipos con mejores prestaciones, como mayor memoria RAM.

4.1.3. Diseño y carga

Una vez llevado a cabo el diseño conceptual de la base de datos y seleccionado el equipo lógico y físico para su implantación, es necesario implantarla, lo que conlleva realizar el diseño lógico y físico de la base de datos, cargar los datos necesarios para la operación de la empresa y optimizar la base de datos.

Conceptos generales acerca del diseño de aplicaciones

En la sección 4.1.2 se ha explicado que el diseño es la segunda fase del desarrollo de aplicaciones informáticas siguiendo el ciclo de vida clásico o modelo en cascada. Esta fase conlleva traducir el resultado de la fase de análisis en componentes de *software*. Más concretamente esta fase se puede desglosar en las siguientes tareas:

- Diseño de datos: se debe realizar el diseño lógico y físico de la base de datos transformando por tanto, en primer lugar, el esquema conceptual en un esquema lógico (esquema relacional con tablas y sus atributos, indicando claves primarias y ajenas) y luego en un esquema físico (base de datos con todos sus elementos creada en un SGBD concreto).

- Diseño arquitectónico: se establece la estructura modular del programa y se representan las relaciones de control entre los módulos.

- Diseño procedimental: se representan las relaciones de control entre los módulos (clases, procedimientos, funciones, etcétera).

- Diseño de la interfaz de usuario: se establecen los formatos de los formularios e informes que precisa la aplicación.

Diseño lógico

Consiste en transformar el esquema conceptual en un esquema lógico aplicando una serie de reglas de transformación dependientes del modelo lógico y, por lo tanto, del tipo de base datos que deseemos crear.

Para el caso de una base de datos relacional, habrá que aplicar una serie de reglas que permiten transformar los elementos de que consta un esquema conceptual (entidades, atributos e interrelaciones) en un esquema lógico relacional, que consta de tablas o relaciones con sus atributos y restricciones de clave primaria, ajena y otras. Estas reglas de transformación se estudian ampliamente en la sección 5.3, a la que se remite al lector.

Diseño físico

Consiste en transformar el esquema lógico obtenido en la fase anterior (diseño lógico) en un esquema físico, lo que requiere crear en un SGBD concreto todos los elementos de que consta la base de datos: dominios, tablas, restricciones, índices, etcétera.

La creación de estos elementos en un SGBD concreto se puede llevar a cabo de dos maneras:

- Empleando utilidades gráficas, que permiten realizar estas tareas de manera sencilla.

- Empleando un lenguaje de definición de datos (DDL) que permite crear todos estos elementos mediante el empleo de determinadas instrucciones. Así, para crear relaciones o tablas, elemento fundamental de que consta una base de datos, se emplea la instrucción CREATE TABLE. Pues bien, para cada tabla en esta instrucción será necesario indicar el nombre de la tabla y los atributos de que consta. A su vez, por cada uno de estos será preciso especificar: el nombre del atributo, el tipo de dato del atributo (numérico entero, numérico real, cadena de caracteres de longitud fija, cadena de caracteres de longitud variable, fecha, etc.) y las restricciones asociadas al atributo o a varios atributos, si es el caso (clave primaria, clave ajena, valor único, restricciones de usuario, etcétera).

Carga y optimización de la base de datos

Una vez creada la base de datos con todos sus componentes en un SGBD concreto, será preciso cargar los datos en la misma. Puede ocurrir que estos datos ya se estén empleando en anteriores aplicaciones informatizadas, en cuyo caso puede ser posible emplear determinadas rutinas de conversión para modificar el formato de los datos y así poder almacenarlos en la nueva base de datos. Esta operación de carga puede resultar larga y costosa económicamente, pues la cantidad de datos que precisan la mayoría de las empresas para sus operaciones es bastante elevada.

Como indican Piattini *et al.* (2006), paralelamente a la fase de diseño se deben ir creando los programas y procedimientos necesarios para implementar las reglas de gestión que se establecieron en la fase de concepción, de forma que, cuando se vayan cargando en la base de datos los distintos conjuntos de información, se puedan ir probando los programas que manejan los datos.

Al ir realizando estas pruebas, se pueden medir rendimientos con el fin de optimizar la base de datos, realizando ajustes en el diseño físico y/o en el diseño lógico. Además, cuando cambian los requisitos del sistema de base de datos, puede ser necesario, como indican Navathe, Elmasri y Díaz (2007), añadir algunas tablas, eliminar otras y/o modificar la estructura de algunas tablas, cambiar algunos índices, eliminar otros y construir nuevos índices. Además, para conseguir un mejor rendimiento puede ser necesario reescribir algunas consultas o transacciones. Hay que tener en cuenta que el ajuste de la base de datos continúa a lo largo de toda la vida de la misma, siendo necesario siempre que se descubra algún problema de rendimiento y siempre que haya algún cambio en los requisitos.

Para tomar decisiones de diseño físico y realizar el ajuste u optimización de la base de datos, se deben conocer las consultas, transacciones y aplicaciones que se piensa ejecutar sobre la base de datos. Como indican Navathe, Elmasri y Díaz (2007), se deben analizar estas aplicaciones, sus frecuencias de invocación esperadas, cualquier restricción de tiempo que haya sobre su ejecución y la frecuencia esperada de las operaciones de actualización:

- Análisis de consultas y transacciones sobre la base de datos: para cada consulta se deberá considerar:

    a) Las tablas sobre las que actúa la consulta.

    b) Los atributos sobre los que se especifican las condiciones de selección.

    c) Los atributos sobre los que se especifican las condiciones de combinación de las diversas tablas.

    d) Los atributos cuyos valores se obtendrán en la consulta.

Los atributos correspondientes a los apartados b) y c) son candidatos para la definición de índices, que son estructuras de datos que aumentan la velocidad en las operaciones de acceso a los datos.

Por otra parte, para cada operación de actualización se deberá considerar:

    a) Las tablas que se actualizarán.

    b) El tipo de operación que se realizará (inserción, borrado o modificación).

    c) Los atributos sobre los que se especifican las condiciones de selección para operaciones de modificación o borrado.

d) Los atributos cuyos valores se modificarán en una operación de modificación.

Los atributos correspondientes al apartado c) son candidatos para la creación de índices. Por el contrario, los atributos correspondientes al apartado d) son candidatos para evitar índices, ya que su modificación requerirá la actualización de los índices, lo que es costoso.

- Análisis de la frecuencia esperada de invocación de consultas y transacciones: con esta información, junto con la recabada en el punto anterior, se puede elaborar una lista de frecuencias de uso de cada atributo de cada tabla como atributo de selección o atributo de combinación considerando todas las consultas y transacciones.

- Análisis de las restricciones de tiempo sobre las consultas y transacciones: es posible que algunas operaciones tengan restricciones de tiempo importantes, como que la realización de una operación no supere cierto número de segundos. Pues bien, esto debería considerarse para asignar prioridades adicionales a los atributos candidatos para la creación de índices.

- Análisis de las frecuencias esperadas de las operaciones de actualización: se debe crear el menor número de índices posible para las tablas que se actualicen con frecuencia porque la actualización de los índices ralentiza las operaciones de actualización.

- Análisis de las restricciones de unicidad sobre los atributos: se deben crear índices para los atributos o conjuntos de atributos que sean clave candidata, es decir, atributo/s clave primaria o que tengan asignada la restricción de unicidad.

Por otro lado, por motivos de rendimiento también puede resultar conveniente llevar a cabo una desnormalización en una o varias tablas de la base de datos, que consiste en unir varias tablas y/o repetir atributos para acelerar determinadas operaciones, aunque ello conlleve diseños con un menor nivel de normalización. En la sección 3.5.6 se estudian diversas modalidades de desnormalización, a las que se remite al lector.

4.2. Conceptos generales de control de calidad

Existe un gran interés en la actualidad por la calidad. En la sociedad actual, en la que existe una gran competencia entre los diferentes generadores de productos y servicios, la consecución de productos y servicios de calidad es fundamental para garantizar que estos sean adquiridos por los clientes. Además de la calidad, hay otros factores relevantes como el dinero y el tiempo. El objetivo es generar productos y servicios que satisfagan las necesidades de los clientes, por lo que conocer estas necesidades se convierte en algo fundamental. El fin es, por tanto, conocer las necesidades y gustos de los clientes potenciales con el objetivo de crear los productos y servicios que los satisfagan minimizando el coste y el tiempo de generación de dichos productos y servicios.

El diccionario de la RAE nos indica que la calidad es la propiedad o conjunto de propiedades inherentes a algo, que permiten juzgar su valor.

Como hemos indicado anteriormente, la calidad es un concepto relativo a las personas, a su edad, a sus circunstancias, al espacio, al tiempo, etcétera.

Otra definición de calidad es la que aparece en la norma ISO 9000:2000, que define la calidad como: "Grado en que un conjunto de características inherentes cumple con los requisitos", siendo los requisitos las necesidades o expectativas establecidas. Si media un contrato, en este aparecerán las necesidades especificadas; en otros casos, las necesidades se deberán definir explícitamente.

Como indican Piattini *et al.* (2007), la consecución de la calidad puede tener tres orígenes:

- La calidad realizada: es la que es capaz de obtener la persona que realiza el trabajo gracias a su habilidad en la ejecución de una tarea.

- La calidad programada: es la que se ha pretendido obtener, esto es, la que aparece descrita en una especificación de requisitos o en un documento de diseño, por ejemplo. Se puede definir también como la que se ha encomendado seguir al responsable de ejecutar el trabajo.

- La calidad necesaria: es la que el cliente exige con mayor o menor grado de concreción o, al menos, la que le gustaría recibir.

La gestión de la calidad pretende conseguir que estos tres conceptos de calidad coincidan entre sí.

En el ámbito de la ingeniería del *software*, en la línea de lo que señalan Piattini *et al.* (2007), podemos afirmar que la calidad es la concordancia del *software* producido con los requisitos explícitamente establecidos, con los estándares de desarrollo expresamente fijados y con los requisitos implícitos, no establecidos, que desea el usuario. Para comprender bien esta definición, tengamos en cuenta que:

- Los requisitos explícitamente establecidos aparecen en la especificación de requisitos del *software* (ERS), documento obtenido al finalizar la etapa de análisis. Estos requisitos pueden ser requisitos funcionales (funciones que tiene que realizar el *software*) o de otro tipo (requisitos de rendimiento, de seguridad, de interfaz, etcétera).

- Los estándares de desarrollo establecen cómo se debe realizar el proceso de desarrollo de *software*, especificando los métodos que se deben aplicar, el formato de los documentos que se deben obtener, etcétera.

- También existen requisitos implícitos no expresamente declarados (no especificados en la ERS o en un contrato) que el usuario desea obtener. Cuanto mejor realizada esté la ERS menos requisitos de este tipo habrá, pero muchas veces es inevitable que existan requisitos implícitos.

4.2.1. Control de calidad en las especificaciones funcionales

La especificación de requisitos del *software* (ERS) es el documento que se obtiene como resultado de la etapa de análisis. Este es un documento clave dentro de la documentación necesaria para el desarrollo de *software*, por lo que es de gran importancia que sea eficaz y de buena calidad. Debe tener ciertas características que faciliten su utilización por parte del equipo de proyecto para su trabajo y para su interacción con el usuario.

Siguiendo a Piattini *et al.* (2007), las dos características fundamentales de una ERS son las siguientes:

- Debe incluir información verdadera, es decir, coherente con las necesidades reales del usuario.

- Debe comunicar dicha información de forma eficaz, es decir, de manera que se pueda comprender perfectamente.

En más detalle, siguiendo a Piattini *et al.* (2007), las características deseables para una buena ERS son las siguientes:

- No ambigua: una ERS es no ambigua si cada requisito descrito en ella tiene una única interpretación.

- Completa: una ERS es completa si:

  — Incluye todos los requisitos significativos del *software*, tanto requisitos funcionales, como de rendimiento, imperativos de diseño, atributos de calidad, interfaces externas.

  — Especifica la respuesta del *software* a todos los posibles datos de entrada y ante todas las posibles situaciones. Es importante especificar las respuestas tanto para entradas válidas como para no válidas.

  — Está conforme con cualquier estándar de desarrollo que se deba cumplir.

  — Están etiquetadas y referenciadas en el texto todas las figuras, tablas y diagramas.

- Fácil de verificar: una ERS es fácil de verificar si para todos los requisitos a los que hace referencia existe algún procedimiento finito y efectivo en coste para que una persona o una máquina compruebe que el *software* satisface dicho requisito.

- Consistente: una ERS es consistente si ningún conjunto de requisitos descritos en ella son contradictorios o entran en conflicto.

- Clasificada por orden de importancia o estabilidad: los requisitos deben tener establecido un orden de prioridad basado en su importancia para la aplicación o, alternativamente, una clasificación en función de su estabilidad.

- Fácil de modificar: la estructura y estilo de la ERS deben permitir que cualquier cambio necesario en los requisitos se pueda realizar fácil, completa y consistentemente. Para ello, la ERS:

    — Debe tener una organización coherente y manejable, con una tabla de contenidos y un índice. De esta manera, es fácil saber dónde hay que modificar el documento cuando hay un cambio en los requisitos.

    — No debe ser redundante, es decir, el mismo requisito no debe aparecer repetido en la ERS.

- Facilidad para identificar el origen y las consecuencias de cada requisito (facilidad de traza): cuando un requisito de la ERS es una derivación de otro requisito, se deben proporcionar tanto referencias hacia atrás como hacia adelante en el ciclo de vida.

- Facilidad de utilización en las fases de explotación y mantenimiento.

4.2.2. Seguimiento de los requisitos de usuario

El usuario debe transmitir idealmente todos los requisitos de la aplicación que se desea construir al equipo de desarrollo durante la fase de análisis.

Para la trasmisión de esta información, se emplean unas técnicas conocidas como técnicas de recolección de información (Piattini *et al.* 2007). Estas técnicas surgen como un medio para mejorar la comunicación entre los usuarios y los desarrolladores de *software*. Hemos de tener en cuenta que existen diversas razones por las cuales no resulta muchas veces sencilla la transmisión de información entre los usuarios y los desarrolladores: por un lado, los desarrolladores normalmente desconocen la manera de trabajar de la empresa para la cual van a desarrollar la aplicación y, por otro lado, los usuarios desconocen qué información es relevante para el desarrollo de la aplicación.

La técnica de recolección de información más clásica y más empleada es la entrevista, que se puede definir como un intento sistemático de recoger información de otra persona a través de una comunicación interpersonal que se lleva a cabo por medio de una conversación estructurada (Piattini *et al.* 2007). Normalmente la entrevista se realiza entre solo dos personas (un analista y un cliente, o usuario) y debe estar planificada con anterioridad, esto es, el desarrollador debe haber establecido previamente las preguntas que debe formular al cliente con el objetivo de extraer la mayor información posible que sea veraz.

Otra técnica que se puede emplear alternativamente a las entrevistas es el desarrollo conjunto de aplicaciones (*Joint Application Design*) o JAD. En esta técnica se realizan varias reuniones con una duración de dos a cuatro días en las que toman parte usuarios cualificados y analistas para, aprovechando las ventajas del trabajo en equipo entre usuarios y analistas, llegar a dilucidar los requisitos de la aplicación que se pretende construir. Tiene la ventaja de que promueve una participación más profunda de los usuarios en el proyecto, los cuales se involucran más al adquirir un cierto sentido de propiedad del *software* que se construye.

Como técnicas complementarias a las entrevistas y al JAD se puede emplear alguna de las siguientes:

- Observación: consiste en observar presencialmente el trabajo en la empresa, departamento u organismo cuya actividad se desea informatizar.

- Estudio de documentación: consiste en hacer un análisis de documentos que describen la operación de la empresa u otros documentos que se utilizan en sus tareas habituales (pedidos, facturas, diversos tipos de listados, etc.), de lo que se puede extraer los datos que se manejan y cómo se usan.

- Cuestionarios: son documentos con preguntas para su respuesta por parte de diversos usuarios del *software*. Es útil principalmente para recoger información en poco tiempo de personas dispersas geográficamente.

- Prototipado: consiste en elaborar una maqueta o modelo del *software* que se desea construir para que el usuario pueda evaluar mejor las necesidades de la aplicación que desea.

Como se ha comentado con anterioridad, es deseable que los usuarios comuniquen a los desarrolladores la totalidad de los requisitos de la aplicación que se pretende construir durante la fase de análisis. Esto se debe a que cualquier modificación en los requisitos en fases posteriores del desarrollo de *software* (diseño, programación, pruebas, explotación) va a ser más costosa implementarla porque implicará rehacer tareas anteriores del ciclo de vida. Así, si por ejemplo se detecta una modificación en los requisitos durante la fase de pruebas, será necesario realizar tareas en las fases de análisis, diseño y programación, lo que resultará costoso.

Sin embargo, se sabe que con el paso del tiempo los requisitos de las aplicaciones se ven frecuentemente modificados o ampliados, lo que requerirá realizar modificaciones en las aplicaciones para plasmar esos cambios o ampliaciones en los requisitos. Esto supone realizar tareas de mantenimiento que, como se indicó con anterioridad, conlleva repetir tareas previas del ciclo de vida (análisis, diseño, programación y pruebas) a una aplicación existente. Es necesario, por tanto, realizar un seguimiento de los requisitos de los usuarios con el objetivo de que la aplicación responda de la mejor manera posible a sus necesidades.

Cada vez que se produzca una modificación o ampliación en los requisitos de una aplicación, habrá que llevar a cabo los siguientes pasos:

- Determinar las nuevas necesidades de los usuarios, para lo que será necesario emplear alguna técnica de recolección de información, como la entrevista. Una vez captadas las nuevas necesidades de los usuarios, habrá que evaluar el impacto de las modificaciones o ampliaciones que hay que llevar a cabo.

- Las modificaciones o ampliaciones seguramente conllevarán cambios en los documentos obtenidos como resultado de la etapa de análisis. Por ejemplo, pueden implicar modificar un esquema conceptual (esquema Entidad-Relación).

- Los cambios en el documento ERS implican rehacer tareas posteriores del ciclo de vida, como diseño, programación y pruebas. Estas modificaciones se plasmarán en los documentos correspondientes obtenidos en estas fases, así como en el código fuente de la aplicación.

5. Creación y diseño de bases de datos

Contenido

5.1. Enfoques de diseño

El diseño de una base de datos relacional consiste en partir de un determinado universo del discurso (UD) y crear una base de datos con todos los elementos de que consta (tablas, básicamente) en un SGBD concreto. Esta base de datos deberá contener todos los datos detectados en dicho UD. Recordemos que esta tarea de diseño se suele descomponer en tres tareas secuenciales conocidas como diseño conceptual, diseño lógico y diseño físico.

Pues bien, el diseño de una base de datos relacional se puede afrontar de diversas maneras y cada una de estas formas de afrontar esta tarea es lo que se llama enfoque de diseño. En esta sección se van a estudiar, por un lado, la causa de los diseños incorrectos y, por otro lado, los dos enfoques más empleados hoy en día en el diseño de bases de datos relacionales, a saber, el enfoque de análisis y el de síntesis.

5.1.1. Diseño incorrectos. Causas

Cuando se lleva a cabo el diseño de una base de datos, puede ocurrir que la base de datos resultante sea incorrecta, es decir, que no refleje de manera adecuada la realidad para la cual se ha creado o que presente otras anomalías, como redundancias, anomalías de borrado, anomalías de inserción, etc., aspectos estudiados en la sección 3.5.1.

Las causas por las cuales se puede llegar a obtener diseños incorrectos pueden ser las siguientes:

* Falta de conocimiento del universo del discurso: el dominio de la aplicación, es decir, el entorno para el cual se crea la base de datos, no tiene por qué ser conocido por los diseñadores. Sí será conocido por parte de los usuarios, los cuales deberán ser capaces de transmitir este conocimiento a los diseñadores. Por ello, es fundamental el empleo de las técnicas de recolección de información más eficaces para recabar toda la información necesaria.

* Falta de experiencia en el modelado: si los diseñadores no poseen los suficientes conocimientos y/o experiencia en las tareas de diseño conceptual, lógico y/o físico, pueden llegar a obtener un diseño incorrecto incluso aunque hayan comprendido de manera correcta y completa el universo del discurso.

5.1.2. Enfoque de análisis. Ventajas y desventajas

El enfoque de análisis es el que se ha explicado en la sección 3.5 dedicada a la teoría de la normalización, y que además se ha puesto en práctica en los ejercicios del Tema 3. Consiste en llevar a cabo los siguientes pasos:

- Crear una relación universal, que consta de todos los atributos descubiertos en el universo del discurso. Junto a esta relación universal, se detectan una serie de restricciones, las cuales se pueden plasmar en un conjunto de dependencias funcionales.

- A partir de esta relación universal y conjunto de dependencias funcionales, se deben ir aplicando las sucesivas formas normales en orden para ir desglosando la relación universal en un mayor número de relaciones. Se deben ir aplicando, por tanto, las normas correspondientes a la 1FN, 2FN, 3FN, FNBC, 4FN y 5FN. Es necesario llegar siempre hasta la 3FN, pues las siguientes formas normales (conocidas como formas normales avanzadas) muy habitualmente generan un número excesivo de relaciones que muchas veces disminuye el rendimiento de la base de datos.

- Realizar la fase de diseño físico a partir del esquema relacional resultante de la etapa anterior.

La principal ventaja de este enfoque, como indican Piattini *et al.* (2006), es que el diseño es menos subjetivo, lo que permite en gran parte aplicar procedimientos algorítmicos. Entre sus desventajas Piattini *et al.* (2006) mencionan las siguientes:

- Se puede perder más semántica que en el enfoque de síntesis.

- Las relaciones resultantes pueden no responder a hechos del mundo real.

- Es difícil expresar restricciones de integridad referencial.

- Es más difícil que los usuarios participen en el diseño. Tengamos en cuenta que la comprensión del proceso de normalización por parte de los usuarios es complicada por su elevada complejidad y componente técnico.

- Es difícil recoger la presencia de más de una interrelación entre dos entidades determinadas.

- Los costes de aplicar la normalización crecen enormemente al incrementarse el número de atributos por relación.

5.1.3. Enfoque de síntesis. Ventajas y desventajas

El enfoque de síntesis consiste en llevar a cabo las siguientes tareas secuenciales:

- Realizar una primera tarea de modelado o diseño conceptual consistente en plasmar la descripción del universo del discurso en un diagrama Entidad-Relación con una serie de entidades, interrelaciones, con sus correspondientes atributos y una serie de restricciones semánticas.

- Realizar una segunda etapa de diseño lógico, consistente en transformar el esquema conceptual obtenido en la etapa anterior en un esquema lógico relacional, es decir, en un conjunto de relacionales con sus correspondientes atributos y restricciones. Para ello, existen unas reglas, que se estudiarán en la sección 5.3, que permiten realizar esta transformación de una manera bastante mecánica.

- Aplicar la teoría de normalización a las relaciones obtenidas en el paso anterior. Es de reseñar que en la mayoría de los casos la mayor parte de las relaciones ya estarán normalizadas al menos hasta la 3FN, si se han realizado correctamente las fases previas, por lo que esta tarea suele resultar muy poco costosa.

- Realizar la fase de diseño físico a partir del esquema relacional resultante de la etapa anterior.

Entre las ventajas de este enfoque en relación con el de análisis, se encuentran las siguientes (Piattini *et al.* 2006):

- Facilita una mayor participación de los usuarios: tengamos en cuenta que no va a resultar muy complejo para un diseñador explicar un diagrama Entidad-Relación a un cliente/usuario para que este nos pueda dar el visto bueno al diseño, puesto que los conceptos con los que trabaja el modelo Entidad-Relación son bastante fáciles de entender, incluso para personal no técnico. Sin embargo, en la teoría de la normalización se trabaja con conceptos mucho más técnicos y matemáticos de comprensión mucho más dificultosa. El modelo Entidad-Relación, por tanto, proporciona un punto de partida mucho más adecuado.

- Se obtienen relaciones más estructuradas.

- Es mucho más sencillo aplicar la teoría de la normalización.

- Las relaciones finales representan mejor las entidades e interrelaciones del universo del discurso.

Una desventaja que puede presentar este modelo es que requiere que el diseñador tenga cierta práctica utilizando el modelo Entidad-Relación, pero se puede considerar que sus ventajas, sobre todo la relacionada con la más fácil participación de los usuarios, hacen que este enfoque sea el más empleado y el que se puede considerar más conveniente en la mayoría de los casos.

5.2. Metodologías de diseño

Ya hemos visto las tareas que es necesario llevar a cabo para crear una base de datos. Nos decantaremos por el enfoque de síntesis. Basándonos en este enfoque, se va presentar una metodología para el desarrollo de bases de datos. En primer lugar se explicará el concepto de metodología. Luego se explicará la metodología propuesta en la sección 5.2.2, y finalmente se hará referencia a las entradas y salidas del proceso de diseño de bases de datos siguiendo la metodología propuesta.

5.2.1. Concepto

El proceso de creación de una base de datos es una tarea compleja, larga y costosa económicamente, por lo que es necesario planificarlo de antemano y llevarlo a cabo de manera ordenada y metódica, teniendo claros los pasos que es necesario ejecutar en cada momento. Esto conlleva seleccionar la metodología más adecuada para el desarrollo de bases de datos relacionales, como es nuestro caso.

Numerosos autores han propuesto una definición para el concepto de metodología, pero teniendo en cuenta los aspectos comunes de casi todas las definiciones, podemos considerar que una metodología hace referencia al ciclo de vida que incluye las tareas que es necesario llevar a cabo en el proceso de creación de una base de datos. Si optamos por el enfoque de síntesis anteriormente propuesto, estas fases son: diseño conceptual, diseño lógico y diseño físico.

Anexos al concepto de metodología hay otros conceptos que podemos considerar los componentes de una metodología:

- Herramientas: son cualquier recurso utilizado por la metodología para llevar a cabo las tareas que implica. Por tanto, este concepto hace referencia a los diagramas que se emplean (diagramas E-R, por ejemplo), los modelos (modelo E-R, por ejemplo), lenguajes (SQL, por ejemplo), etcétera.

- Modelos de datos: este concepto lo definimos en la sección 1.3.5 como un conjunto de símbolos, conceptos y reglas que nos permiten representar los datos que se van a almacenar en una base de datos. Como indicamos, hay distintos tipos de modelos empleables en diferentes fases del ciclo de vida de una base de datos. Así, podemos hablar del modelo E-R, del modelo relacional, etcétera.

- Lenguajes de datos: permiten expresar un esquema, por ejemplo, un esquema relacional, empleando una determinada sintaxis y se basan en un determinado modelo. Un ejemplo es el lenguaje SQL, cuyo DDL permite crear las tablas y otros elementos de que consta una base de datos relacional.

- Documentación: como resultado de las diferentes tareas de la metodología se obtienen diversos documentos que plasman el trabajo realizado por los técnicos. Estos documentos sirven como base para la realización de las tareas posteriores y para la realización de posibles tareas de mantenimiento futuras.

- Reglas: permiten transformar las entradas de cada fase en las correspondientes salidas.

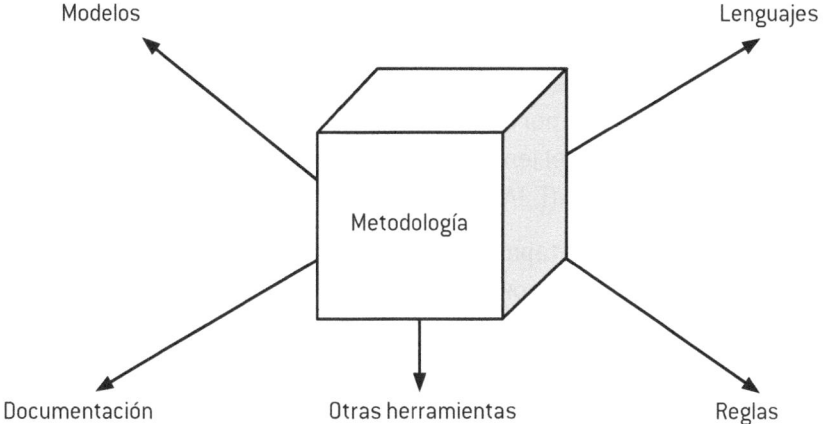

Figura 5.1. Componentes de una metodología.

5.2.2. Diseños conceptual, lógico y físico

Si se realiza un estudio de las metodologías existentes para el diseño de bases de datos, se puede llegar a la conclusión de que existen tres fases fundamentales en este proceso, que se deben llevar a cabo secuencialmente. Aunque ya se han estudiado a lo largo del presente libro, vamos a recordarlas de nuevo:

- Diseño conceptual: consiste en representar el UD usando un modelo de datos conceptual, obteniendo de esta forma lo que se denomina un esquema conceptual. Estos modelos son altamente semánticos e independientes del tipo de base de datos que se vaya a utilizar con posterioridad. Esto quiere decir que esta tarea se puede llevar a cabo aun desconociendo el SGBD que se vaya a utilizar en fases posteriores. El modelo de datos masivamente utilizado en la actualidad a nivel mundial para la realización de esta tarea es el modelo Entidad-Relación (modelo E-R).

- Diseño lógico: consiste en transformar el esquema conceptual obtenido en la fase anterior en un esquema lógico adaptado al modelo de datos en el que se apoya el SGBD que se vaya a utilizar, en nuestro caso, el modelo relacional. Por lo tanto, consistirá en trasformar el esquema E-R en un esquema relacional compuesto por un conjunto de tablas o relaciones con sus atributos, indicando además la clave primaria de cada tabla y las claves ajenas. Las reglas de transformación que permiten pasar de un esquema E-R a un esquema relacional se estudian detalladamente en la sección 5.3.

En esta etapa también se obtendrán las vistas de usuarios derivadas del esquema lógico global (esquema relacional) que resulten más interesantes en la utilización del sistema.

- Diseño físico: consiste en crear en el SGBD seleccionado todos los elementos de que consta la base de datos, intentando conseguir la máxima eficiencia posible. Consistirá, por tanto, en crear tablas, índices, vistas, etc. Para ello, se suele emplear el lenguaje de definición de datos SQL, que incluye sentencias, como CREATE TABLE, CREATE INDEX, etcétera.

Haciendo referencia a las etapas del ciclo de vida clásico de desarrollo de aplicaciones informáticas, podemos decir que la fase de diseño conceptual está incluida dentro de la fase de análisis, mientras que las otras dos fases (diseño lógico y diseño físico) forman parte de la fase de diseño.

Puede ocurrir que haya vueltas atrás desde la etapa de diseño físico a la de diseño lógico, pues de cara a conseguir la máxima eficiencia, en ocasiones es necesario realizar modificaciones en el diseño lógico. Sin embargo, no es conveniente que haya vueltas atrás hasta la etapa de diseño conceptual, pues en esta etapa se representa la información del UD con independencia de aspectos técnicos.

5.2.3. Entradas y salidas del proceso

Siguiendo a Piattini *et al.* (2006), podemos considerar que en el proceso de desarrollo de bases de datos, las entradas y salidas son las siguientes:

- Entradas:

  — Requisitos de información y objetivos: para realizar el diseño conceptual de la base de datos se utilizarán determinadas técnicas de recogida de información, como las entrevistas, cuestionarios, etc., mediante las cuales se habrán determinado las necesidades de información para la base de datos y los objetivos de la organización al respecto.

  — Requisitos de los procesos, es decir, las condiciones que deben cumplir los diferentes programas y procedimientos que se creen sobre la base de datos, por ejemplo, un tiempo de respuesta determinado.

  — Especificaciones del SGBD, como el modelo de datos soportado, características de seguridad, rendimiento, etc. También es necesario consultar las ayudas de que puede disponer el SGBD para realizar el diseño lógico y físico de la BD.

  — Configuración del equipo físico y del sistema operativo (SO), que influirán en la etapa de diseño físico y en el ajuste u optimización de la base de datos.

- Salidas:

  — Estructuras lógicas de datos: hace referencia al esquema conceptual, el esquema lógico (esquema relacional, en nuestro caso) y las principales vistas que precisan los usuarios.

  — Estructura de almacenamiento, es decir, el esquema interno, donde vienen especificados aspectos de diseño físico, como índices, definiciones de espacio, etcétera.

  — Normativa de explotación, con normativa de seguridad para la explotación y mantenimiento de la base de datos.

  — Especificaciones para los programas de aplicación, los cuales deben cumplir ciertas normas, sobre todo en lo relativo a aspectos de seguridad.

5.3. Estudio del diseño lógico de una base de datos relacional

Vamos a tratar en este apartado la manera en que se puede pasar de un esquema E-R a un esquema relacional mediante una serie de reglas de transformación. En primer lugar, estudiaremos las reglas de transformación correspondientes al modelo E-R básico, y a continuación, las relacionadas con el modelo E-R extendido.

En numerosos ejemplos del presente apartado haremos referencia al siguiente diagrama E-R:

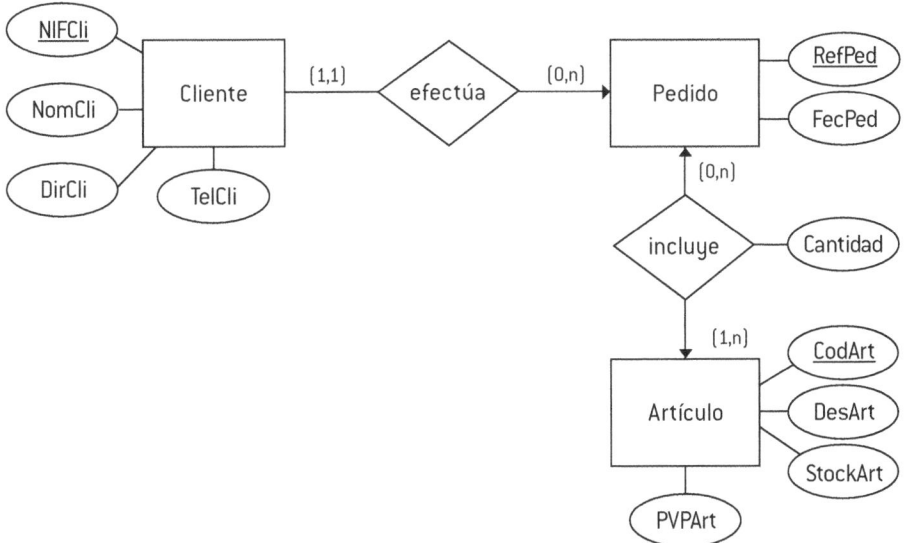

Figura 5.2. Esquema E-R de ejemplo.

5.3.1. Reglas concernientes al modelo E-R básico

Se exponen a continuación las reglas de transformación concernientes al modelo E-R básico.

Transformación de entidades

Cada entidad del esquema E-R da lugar a una relación en el esquema relacional. Así, cada una de las entidades de la Figura 5.2 dará lugar a la correspondiente relación o tabla.

Transformación de atributos

Cada atributo asociado a una entidad en el esquema E-R se convierte en un atributo de la relación correspondiente en el esquema relacional.

Los atributos identificadores principales pasan a formar parte de la clave primaria de la relación correspondiente y deberán llevar asociada la restricción PRIMARY KEY. En casi todos los SGBD relacionales comerciales actuales no es necesario especificar para estos atributos la restricción NOT NULL, ya que los atributos que forman parte de la clave primaria nunca pueden tomar valor nulo por la regla de integridad de la entidad.

Así, para el esquema E-R de la Figura 5.2, tendremos en el modelo relacional las siguientes tres relaciones con los atributos indicados:

Cliente (NIFCli, NomCli, DirCli, TelCli)

Pedido (RefPed, FecPed)

Artículo (CodArt, DesArt, StockArt, PVPArt)

En cuanto a los atributos identificadores alternativos, deberán llevar asociada la restricción UNIQUE y en la mayoría de los casos será necesaria también la restricción NOT NULL, que indica que dichos atributos son obligatorios. Esta última restricción también será de aplicación a los atributos obligatorios que no sean clave candidata.

Transformación de interrelaciones binarias y reflexivas

La transformación se realiza de una u otra forma dependiendo del tipo de correspondencia de la interrelación.

Interrelaciones N:M

Toda interrelación N:M se transforma en una relación o tabla que tendrá dos claves ajenas apuntando a cada una de las claves primarias correspondientes a los atributos identificadores principales de las entidades relacionadas. La clave primaria de la nueva relación consta de la concatenación de las claves ajenas. Si la relación N:M tiene atributos, dichos atributos también pasarán a formar parte de la nueva tabla creada.

Para las claves ajenas, será necesario también indicar el efecto que tendrán las modificaciones y borrados sobre tuplas de la relación que contiene la clave referenciada.

Por ejemplo, la relación *incluye* de la Figura 5.2 originará la creación de una nueva tabla que tendrá como atributos sendas claves ajenas a las claves primarias de las tablas *Pedido* y *Artículo* (*RefPed* y *CodArt*, respectivamente) y el atributo de la relación (*Cantidad*). La clave de la nueva tabla estará formada por la concatenación de las claves ajenas (*RefPed* y *CodArt*).

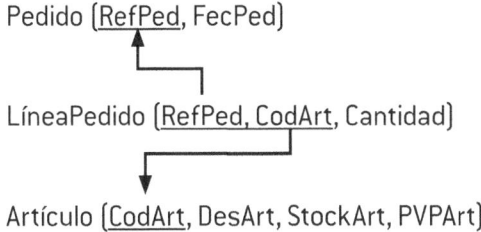

Pedido (<u>RefPed</u>, FecPed)

LíneaPedido (<u>RefPed</u>, <u>CodArt</u>, Cantidad)

Artículo (<u>CodArt</u>, DesArt, StockArt, PVPArt)

En el caso de que la relación N:M sea reflexiva, se procederá de igual manera, creando una nueva tabla con dos claves ajenas, cada una de las cuales apuntará a la clave primaria de la entidad que se relaciona consigo misma. Por ejemplo, el siguiente esquema E-R refleja el hecho de que un tema se puede descomponer en varios subtemas y un subtema puede estar contenido en varios temas.

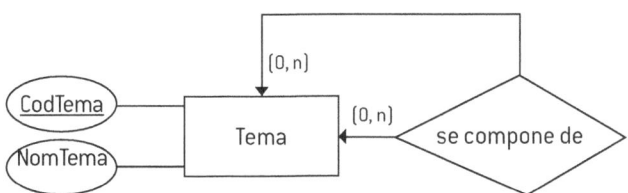

Figura 5.3. Esquema E-R con relación reflexiva N:M.

Se crea una nueva relación con dos claves ajenas, una para el código del tema y otra para el código del subtema o tema subordinado.

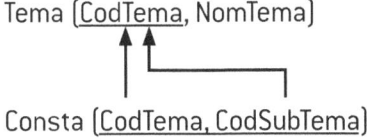

Tema (<u>CodTema</u>, NomTema)

Consta (<u>CodTema</u>, <u>CodSubTema</u>)

Interrelaciones 1:N

Las interrelaciones con tipo de correspondencia 1:N se pueden representar en el modelo relacional empleando dos métodos alternativos:

- Añadiendo en la tabla correspondiente a la parte N una clave ajena a la clave primaria de la tabla correspondiente a la parte 1, método que se emplea en la mayoría de los casos. Para diferenciar la obligatoriedad o no de la relación se empleará la siguiente técnica:

  — Si la interrelación tiene una cardinalidad (1,1) en el extremo correspondiente a la parte 1, la clave ajena que se crea es obligatoria, y por tanto, los atributos que la componen se declararán con la restricción NOT NULL.

  — En caso de que la cardinalidad sea (0,1), se permitirá que los atributos que componen la clave ajena tomen valor nulo.

Por ejemplo, la relación *efectúa* del esquema E-R de la Figura 5.2 se plasmará en el esquema relacional mediante la aparición de una clave ajena en la relación *Pedido*, que será el NIF del cliente que ha realizado el pedido. Además, este atributo será obligatorio, es decir, deberá ir definido con la restricción NOT NULL debido a que, como indica la cardinalidad (1,1), todo pedido es realizado por un cliente. El esquema relacional quedará como sigue:

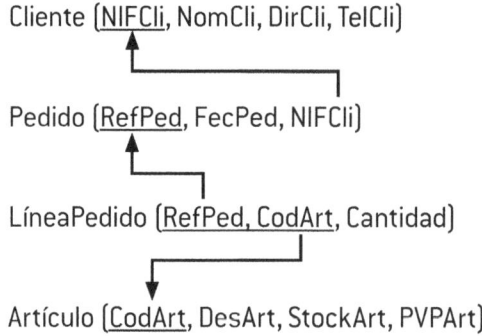

Cliente (<u>NIFCli</u>, NomCli, DirCli, TelCli)

Pedido (<u>RefPed</u>, FecPed, NIFCli)

LíneaPedido (<u>RefPed, CodArt</u>, Cantidad)

Artículo (<u>CodArt</u>, DesArt, StockArt, PVPArt)

Si la interrelación tiene atributos propios y se considera poco importante la pérdida de semántica que supone el que estos sean asignados a otra entidad, estos también serían propagados junto con la clave ajena.

- Aplicando el mismo tratamiento que para las relaciones N:M, es decir, creando una nueva tabla. Este procedimiento es menos habitual y sería de aplicación solo en los siguientes casos:

  — Cuando la cardinalidad en la parte 1 es (0,1) y además se sabe que en muchos casos el atributo, que se convertiría en clave ajena si aplicásemos el primer método, va a tomar valor nulo.

— Cuando la relación posee atributos propios y se quiere mantener la semántica original.

— Cuando se prevé la posibilidad de que en el futuro la relación pueda convertirse en una con tipo de correspondencia N:M.

Por ejemplo, dado el siguiente diagrama E-R, sería conveniente emplear este segundo método si se sabe que muchos clientes no poseen representante o si queremos mantener la semántica original conservando el atributo *CompraAnual* como parte de la relación entre *Cliente* y *Representante*.

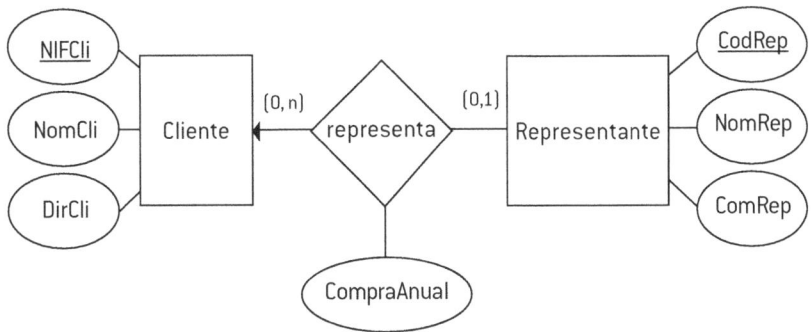

Figura 5.4. Esquema E-R con relación 1:N.

La clave primaria de la nueva tabla estará formada por el atributo identificador principal de la entidad correspondiente al lado N.

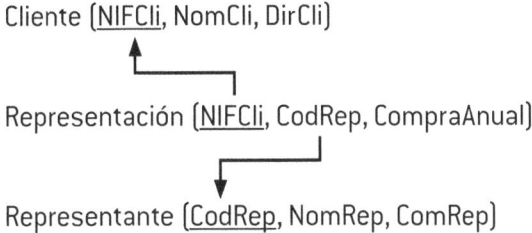

En el caso de las relaciones reflexivas, se suele emplear el primer método, lo que conlleva la aparición en la relación correspondiente a la entidad que se relaciona consigo mismo, de una clave ajena que apunta a la clave primaria de la misma relación.

En la Figura 5.5 se muestra un esquema relacional que refleja el hecho de que todo alumno tiene un delegado y que un alumno es delegado de ninguno, uno o de varios alumnos. Se trata de una relación reflexiva, que originará que en la relación *Alumno* aparezca como clave ajena el número de matrícula del alumno delegado.

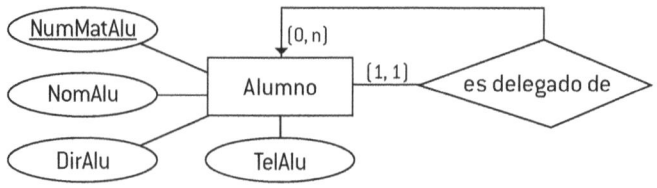

Figura 5.5. Esquema E-R con relación 1:N reflexiva.

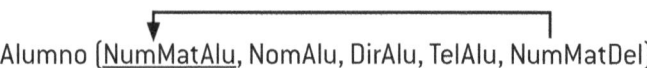

Alumno (NumMatAlu, NomAlu, DirAlu, TelAlu, NumMatDel)

Interrelaciones 1:1

Las interrelaciones con tipo de correspondencia 1:1 se pueden considerar un caso particular de las relaciones 1:N, o bien de las relaciones N:M, y se pueden transformar al modelo relacional empleando los dos métodos ya estudiados (propagación de clave o creación de una nueva tabla). Habrá que escoger uno u otro método en función de las cardinalidades:

- Si para las dos entidades las cardinalidades son (0,1), es decir, si la interrelación no es obligatoria en ninguno de los dos sentidos, y se piensa que no va a haber muchas tuplas relacionadas, lo más adecuado es crear una nueva tabla con dos claves ajenas, una por cada una de las entidades relacionadas. La nueva tabla tendrá como clave primaria el AIP de una de las dos entidades relacionadas. Así, dado el siguiente diagrama E-R, si sabemos que no se almacenan en la base de datos muchas parejas, la manera adecuada de pasar al modelo relacional es la que se muestra:

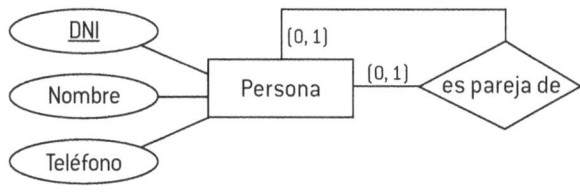

Figura 5.6. Esquema E-R con relación 1:1 opcional en los dos sentidos.

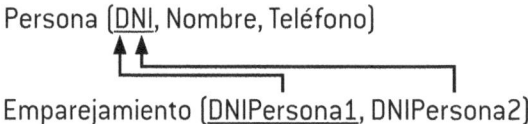

Persona (DNI, Nombre, Teléfono)

Emparejamiento (DNIPersona1, DNIPersona2)

- Si para una de las entidades la cardinalidad es (1,1) y para la otra es (0,1), la mejor alternativa es propagar la clave de la entidad con cardinalidad (1,1) a aquella con cardinalidad (0,1). Así, dado el siguiente diagrama E-R, la mejor solución es propagar la clave de la tabla *Empleado (CodEmp)* a la tabla Departamento, ya que todo departamento tiene un empleado que lo dirige, pero no todos los empleados dirigen un departamento. De esta manera, minimizamos la aparición de valores nulos en la clave ajena.

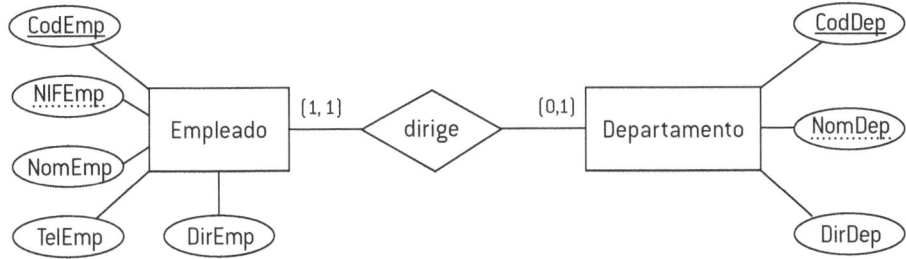

Figura 5.7. Esquema E-R con relación 1:1 opcional en un sentido.

Empleado (CodEmp, NIFEmp, NomEmp, DirEmp)

Departamento (CodDep, NomDep, DirDep, CodEmpDir)

• Si la interrelación es obligatoria en los dos sentidos, es decir, si las dos cardinalidades son (1,1), entonces se puede propagar la clave en cualquiera de los dos sentidos. Así, dado el siguiente esquema E-R, hay las dos posibles soluciones que se indican:

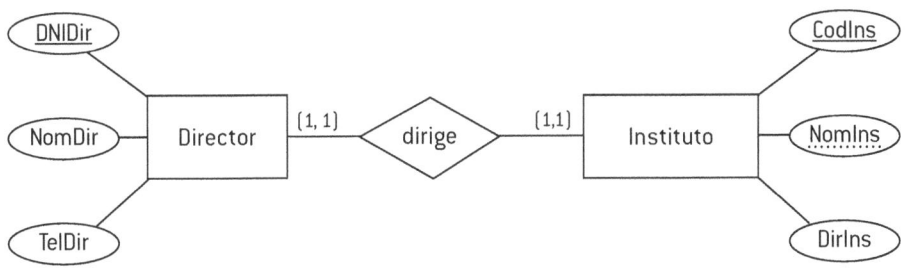

Figura 5.8. Esquema E-R con relación 1:1 obligatoria en los dos sentidos.

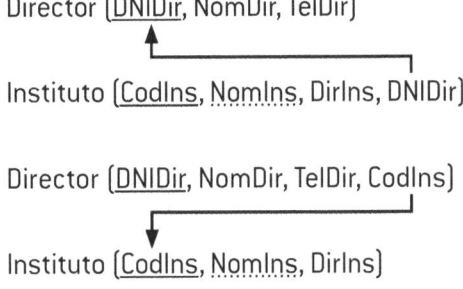

Director (DNIDir, NomDir, TelDir)

Instituto (CodIns, NomIns, DirIns, DNIDir)

Director (DNIDir, NomDir, TelDir, CodIns)

Instituto (CodIns, NomIns, DirIns)

Transformación de interrelaciones de grado superior a dos

Las relaciones ternarias originan la aparición de una nueva tabla que contendrá, además de los atributos propios de la relación, tres claves ajenas apuntando a las claves primarias de las tablas correspondientes a las entidades relacionadas. La clave primaria de la nueva relación surgida estará formada por unas claves ajenas u otras en función del tipo de correspondencia de la relación ternaria:

- Si el tipo de correspondencia es N:M:P (tres cardinalidades máximas con valor n) o N:M:1 (dos cardinalidades máximas con valor n), la clave primaria de la nueva tabla estará formada por la concatenación de las claves ajenas correspondientes a las entidades que participan en la relación con cardinalidad máxima n.

- Si el tipo de correspondencia es N:1:1 (una cardinalidad máxima con valor n), la clave primaria de la nueva tabla estará formada por la clave ajena correspondiente a la entidad con cardinalidad N y otra clave ajena correspondiente a una entidad con cardinalidad 1.

- Si el tipo de correspondencia es 1:1:1 (tres cardinalidades máximas con valor 1), la clave primaria de la nueva tabla estará formada por dos claves ajenas correspondientes a dos cualesquiera de las entidades.

Por ejemplo, el siguiente esquema E-R refleja las operaciones que puede efectuar cada cliente sobre cada una de las cuentas bancarias con las que puede operar.

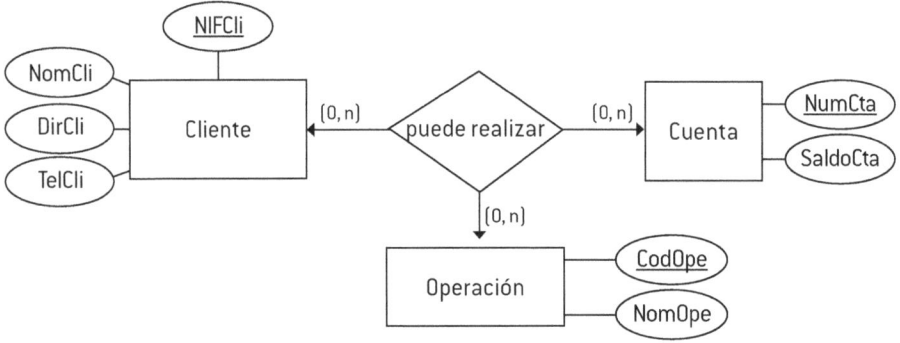

Figura 5.9. Esquema E-R con relación ternaria M:N:P.

Cada una de las tres entidades se transformará en una tabla en el modelo relacional y se creará una nueva tabla con tres claves ajenas que apuntan a las claves primarias de las tres entidades relacionadas (*NIFCli*, *NumCta* y *CodOpe*), estando la clave primaria de la nueva relación formada por la concatenación de las tres claves ajenas porque las tres participan en la relación con cardinalidad N.

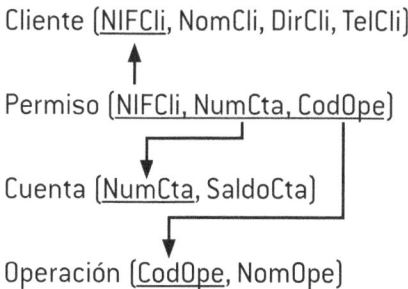

Cliente (<u>NIFCli</u>, NomCli, DirCli, TelCli)

Permiso (<u>NIFCli, NumCta, CodOpe</u>)

Cuenta (<u>NumCta</u>, SaldoCta)

Operación (<u>CodOpe</u>, NomOpe)

5.3.2. Reglas concernientes al modelo E-R extendido

Se exponen a continuación las reglas de transformación concernientes al modelo E-R extendido.

Transformación de dependencias en existencia y en identificación

Las dependencias en existencia son relaciones entre una entidad débil y la entidad regular de la que depende, en las que la entidad débil tiene un AIP que la identifica completamente. La relación se transforma al modelo relacional según las normas explicadas hasta ahora dependiendo de si la relación tiene tipo de correspondencia 1:1, 1:N o N:M. En este caso, para la clave ajena creada, por motivos obvios, se deben establecer borrados y modificaciones en cascada, al igual que en el caso de las dependencias en identificación.

Las dependencias en identificación son relaciones débiles con tipo de correspondencia 1:1 o 1:N, pero en este caso para identificar a cada ocurrencia de la entidad débil se requiere, además del AIP de la entidad débil, el AIP de la entidad regular de la que depende. Por ello, además de propagar el AIP de la entidad regular a la entidad débil como clave ajena, este atributo propagado también pasa a formar parte de la clave primaria de la tabla correspondiente a la entidad débil.

Dado el siguiente esquema E-R:

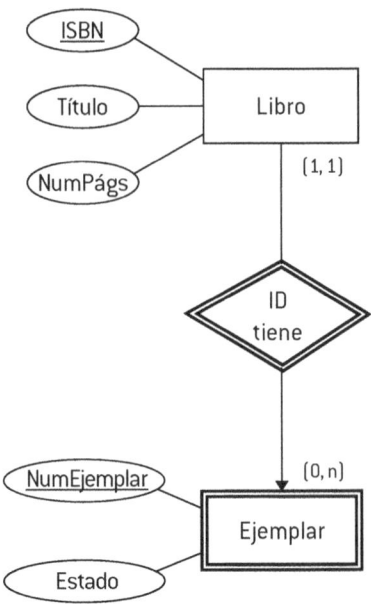

Figura 5.10. Esquema E-R con una dependencia en identificación.

El esquema relacional será el siguiente:

Libro (ISBN, Título, NumPágs)

Ejemplar (ISBN, NumEjemplar, Estado)

Transformación de jerarquías de tipos y subtipos

En un diagrama E-R formado por una entidad supertipo y varios subtipos se pueden proporcionar varias soluciones de transformación al modelo relacional. Cuatro posibles soluciones son las siguientes:

- Opción A: englobar todos los atributos de la entidad supertipo y sus subtipos en una sola relación: esta solución es recomendable únicamente cuando se dan todas las condiciones siguientes:

  1. Los subtipos se diferencian entre sí en muy pocos atributos.

  2. Las interrelaciones que asocian a los distintos subtipos con el resto de las entidades del esquema se pueden unificar para todos los subtipos, es decir, los subtipos no tienen relaciones propias.

3. La jerarquía es total o casi total, es decir, una ocurrencia del supertipo está acompañada en la mayoría de los casos de al menos una ocurrencia de un subtipo.

En lo que se refiere a las prestaciones, esta opción es la que ofrece más velocidad en el acceso a los datos de un objeto, ya que no es preciso efectuar combinaciones para la recuperación de la información.

- Opción B: crear una relación para el supertipo y una que englobe todos los subtipos: de esta forma, se crearía una única relación que englobaría los atributos de todas las entidades subtipo y cuya clave primaria sería la misma clave primaria de la entidad supertipo, por lo que actuaría también como clave ajena. Esta opción es recomendable cuando se cumplen las dos primeras condiciones indicadas en la opción anterior. En efecto, cuando la jerarquía no es total, será recomendable separar al menos en dos tablas la entidad supertipo y el conjunto de las subtipo, pues no hacerlo así implicaría la presencia de valores nulos en los casos de ocurrencia del supertipo sin ocurrencia de ningún subtipo. En cualquier caso, esta solución no incorpora aumentos significativos de eficiencia respecto a la que se presenta a continuación, ya que para acceder a todos los atributos de un objeto se va a requerir siempre la consulta de dos tablas. Desde el punto de vista del mantenimiento de la semántica original, tampoco se trata de una solución demasiado buena.

- Opción C: crear una relación para el supertipo y una para cada subtipo: esta es la solución adecuada cuando no se cumple casi ninguna o ninguna de las condiciones indicadas en la primera solución y, en general, es la más flexible, la que permite recoger más semántica y la más respetuosa con el modelo conceptual original. En lo que se refiere a prestaciones, esta opción ofrece menos velocidad que la primera en el acceso a los datos de un objeto, puesto que para la recuperación de la información es preciso componer varias tablas. Asimismo, es la que más espacio ocupa, ya que tener n atributos en una única tabla siempre ocupa menos que tenerlos repartidos entre n tablas diferentes.

- Opción D: crear una relación por cada subtipo que contenga además de los atributos propios de cada subtipo los atributos comunes (los del supertipo): esta solución es adecuada cuando se dan las mismas condiciones que en el caso anterior (muchos atributos distintos y relaciones propias de los subtipos) y los accesos realizados sobre los datos de los distintos subtipos afectan casi siempre a atributos comunes.

Dado el siguiente diagrama E-R:

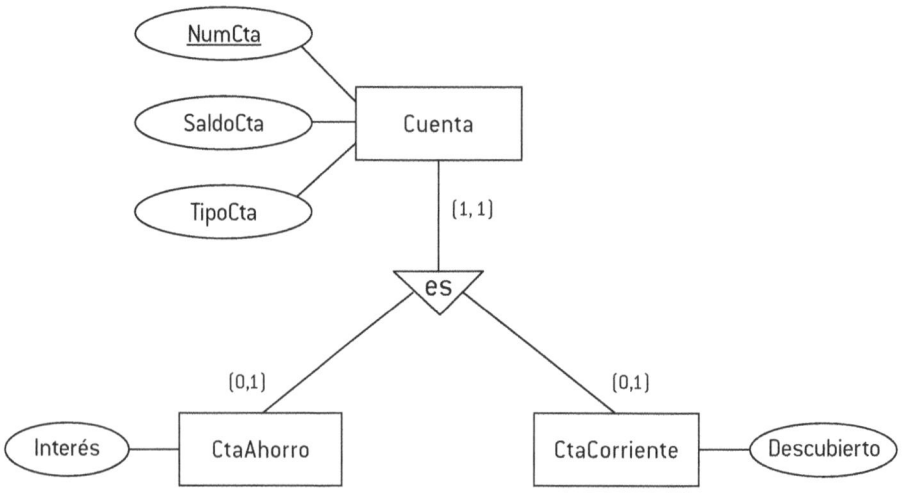

Figura 5.11. Esquema E-R con una jerarquía de tipos y subtipos.

las diferentes opciones de paso al modelo relacional serían las siguientes:

Opción A: Cuenta (<u>NumCta</u>, SaldoCta, TipoCta, Interés, Descubierto)

Opción B: Cuenta (<u>NumCta</u>, SaldoCta, TipoCta)

DatosCuenta (<u>NumCta</u>, Interés, Descubierto)

Opción C: Cuenta (<u>NumCta</u>, SaldoCta, TipoCta)

CtaAhorro (<u>NumCta</u>, Interés)

CtaCorriente (<u>NumCta</u>, Descubierto)

Opción D: CtaAhorro (<u>NumCta</u>, SaldoCta, Interés)

CtaCorriente (<u>NumCta</u>, SaldoCta, Descubierto)

Transformación de agregaciones

Las agregaciones se consideran como entidades a la hora de realizar la transformación del diagrama E-R al esquema relacional. Consideremos el ejemplo de la siguiente figura:

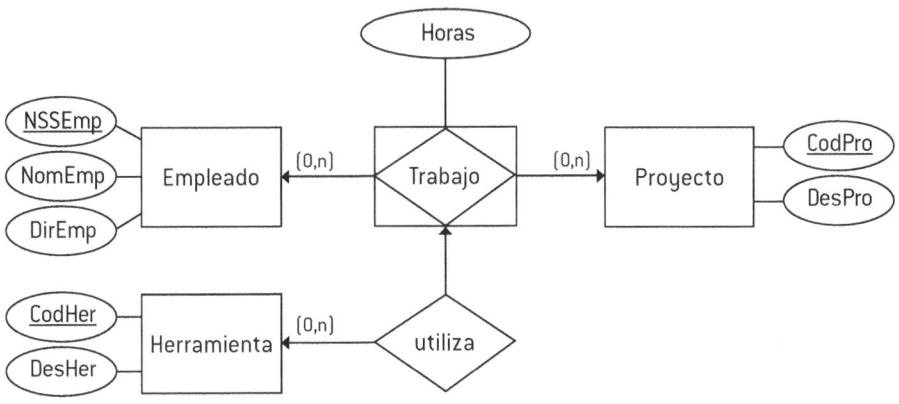

Figura 5.12. Esquema E-R agregación.

El esquema relacional resultante sería el siguiente, donde la agregación *Trabajo* ha dado lugar a una nueva tabla (como relación N:M que es), y la relación N:M establecida entre *Trabajo* y *Herramienta* ha generado, como es obvio, también una nueva tabla *Utiliza*, en la que aparece una clave ajena formada por dos atributos, lo que está motivado por el hecho de que la clave primaria de *Trabajo* consta de dos atributos.

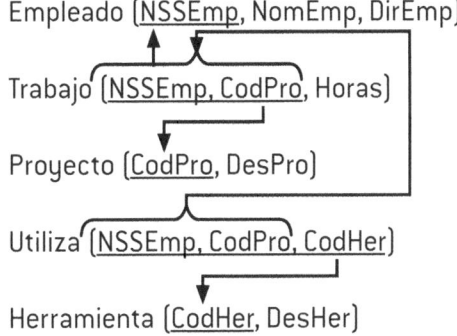

5.4. El diccionario de datos: concepto y estructura

El diccionario, como se indicó en la sección 1.3.12, contiene toda la información sobre los datos almacenados en la base de datos. Así, dispone de las definiciones de todos los objetos de la base de datos (tablas, vistas, índices, procedimientos, funciones, etc.), información acerca de restricciones de integridad, información sobre privilegios y roles de los diferentes usuarios de la base de datos, información sobre los accesos a los objetos, etcétera.

En el caso concreto del SGBD PostgreSQL, dentro del diccionario de datos existen distintos catálogos, los más relevantes de los cuales se exponen a continuación:

- *pg_authid:* contiene información acerca de los roles creados en el sistema. Un rol incluye los conceptos de usuario y grupo, de forma que un usuario es un rol con permiso para conectarse a la base de datos. Contiene una fila por cada rol con información relevante sobre él, como el nombre del rol, una indicación de si tiene privilegios de superusuario, de si el rol puede crear otros roles, de si se puede conectar, etcétera.

- *pg_database:* almacena información sobre las bases de datos disponibles en el clúster. Contiene una fila por cada base de datos con información relevante sobre ella, como el nombre de la base de datos y su codificación.

- *pg_namespace:* contiene espacios de nombres *(namespaces),* que es la estructura subyacente a los esquemas en PostgreSQL. En PostgreSQL en un clúster puede haber varias bases de datos, las cuales contienen esquemas.

- *pg_class:* contiene una fila por cada tabla y otros objetos similares que tienen atributos, como índices, vistas y vistas materializadas. A estos se les llama relaciones en PostgreSQL. Almacena información relevante sobre cada uno de estos objetos, como su nombre, su tipo, su propietario, su número de filas, etcétera.

- *pg_attribute:* contiene una fila por cada columna o atributo de cada tabla, con información como el nombre del atributo, la tabla a la que pertenece al atributo, la referencia a su tipo de dato en la tabla *pg_type,* información adicional sobre el tipo de dato, como su longitud, si puede o no tomar valor nulo, etcétera.

- *pg_type:* contiene información sobre los tipos de datos, como su nombre y su longitud en bytes.

- *pg_constraint:* contiene una fila por cada restricción existente en cada tabla, con información como la tabla a la que pertenece la restricción, el nombre de la restricción y su tipo (CHECK, FOREIGN KEY, PRIMARY KEY o UNIQUE).

- *pg_proc:* contiene información sobre los procedimientos y funciones existentes, como el nombre del procedimiento o función, su propietario, su tipo (procedimiento o función), número de argumentos o parámetros de entrada, tipo de dato que devuelve, etcétera.

- *pg_views:* contiene información interesante sobre las vistas creadas en el sistema, como el nombre de la vista, el esquema en el que está definida, el propietario de la vista y la sentencia SELECT de definición de la vista.

5.5. Estudio del diseño de la BD y de los requisitos de usuario

El objetivo que se pretende con una base de datos es reflejar en soporte informático los datos que se manejan en el entorno de una empresa u organismo (UD) con el fin de mejorar la manera de trabajar con dichos datos. El UD no es normalmente conocido por los técnicos que se van a encargar del proceso de creación de la base de datos, por lo que es necesario que estos lleguen a conocer muchos detalles del UD. Los clientes o usuarios de la base de datos darán a conocer estos detalles a los técnicos mediante el empleo de diversas técnicas de recolección de información, como entrevistas, cuestionarios, prototipado, etcétera.

Además, es conveniente que los requisitos de los usuarios sean conocidos por los desarrolladores desde la fase de análisis, la que da comienzo al proceso de desarrollo, y en la que se lleva a cabo el diseño conceptual de la base de datos. Cuanto más tarde se conozcan detalles acerca de la información que se maneja en la empresa, más costoso será realizar las modificaciones que ello conlleve. Así, si ya se han llevado a cabo las tareas de diseño conceptual, lógico y físico, y nos percatamos de nueva información que hay que reflejar en la base de datos, será necesario rehacer todas las tareas indicadas. Sin embargo, si solo se ha realizado la fase de diseño conceptual, el coste de la modificación será obviamente menor.

No obstante, dado que los requisitos de los usuarios varían frecuentemente con el paso del tiempo, será necesario muchas veces realizar vueltas atrás en las tareas de diseño de bases de datos. Así, si hay algún cambio en los requisitos de información, como se ha indicado en el párrafo anterior, será necesario realizar modificaciones en todas las tareas del diseño de bases de datos. Sin embargo, si es necesario realizar solo modificaciones con el objetivo de mejorar el rendimiento de la base de datos, puede ser necesario o bien solo modificar el esquema interno de la base de datos (resultado del diseño físico), o bien el esquema lógico y posteriormente el físico. Estas tareas formarán parte de la fase de mantenimiento de aplicaciones informáticas, que consiste en rehacer tareas previas del ciclo de vida, pero en lugar de llevarlas a cabo desde cero, se deben realizar sobre una aplicación y sobre una base de datos ya existentes.

Ejercicios resueltos

Tema 2: Modelos conceptuales de bases de datos

Se van a proponer varios supuestos de modelización mediante diagramas E-R. Se va a proporcionar por cada supuesto un enunciado que describe el universo del discurso para el que se desea obtener el esquema Entidad-Relación. A continuación, se explica cómo obtener el diagrama y se propone el esquema Entidad-Relación resultante.

Empleados y departamentos

En una empresa trabajan varios empleados, acerca de cada uno de los cuales es necesario almacenar en la base de datos un número que lo identifique, su nombre y apellidos, así como el salario y la comisión que cobra. Cada empleado trabaja en un único departamento, del que se necesita conocer su número, nombre y localidad en la que está ubicado. También es necesario guardar en la base de datos la relación jerárquica entre los empleados, es decir, para cada empleado es necesario conocer cuál es su jefe directo (solo uno) en caso de que lo tenga.

SOLUCIÓN:

Tenemos, por un lado, la entidad *Empleado* con atributos que incluyen su número, nombre y apellidos, salario y comisión. Como el número identifica a un empleado, seleccionaremos este atributo como atributo identificador principal (AIP). También precisamos la entidad *Departamento*, con atributos que hagan referencia a su número, nombre y localidad. Se entiende que si un departamento tiene un número, este será único, por lo que este atributo será su AIP.

Para saber por cada empleado el departamento en el que trabaja, creamos una relación entre *Empleado* y *Departamento*, llamada *trabaja*. La cardinalidad será (1,1) al lado de *Departamento*, porque sabemos que todo empleado trabaja siempre en un solo departamento (uno como mínimo y uno como máximo). La cardinalidad al lado de *Empleado* es (1,n) porque en un departamento trabajará como mínimo un empleado y varios como máximo.

Para almacenar la relación jerárquica entre los empleados y saber por cada empleado quién es su jefe directo, hemos de crear una relación reflexiva para la entidad *Empleado*. Se trata de una relación con tipo de correspondencia 1:N. En un sentido, esta relación nos proporcionará por cada empleado quién es su único jefe directo, si es que lo tiene; no lo tendrá si se trata del "jefe supremo" de la empresa (de ahí el 0 de la cardinalidad (0,1)). La otra cardinalidad de esta relación es (0,n) porque puede ocurrir que un empleado no tenga ningún subordinado, en el caso de que no sea jefe de nadie, o que, en caso contrario, tenga varios subordinados.

El diagrama E-R que se propone es el siguiente:

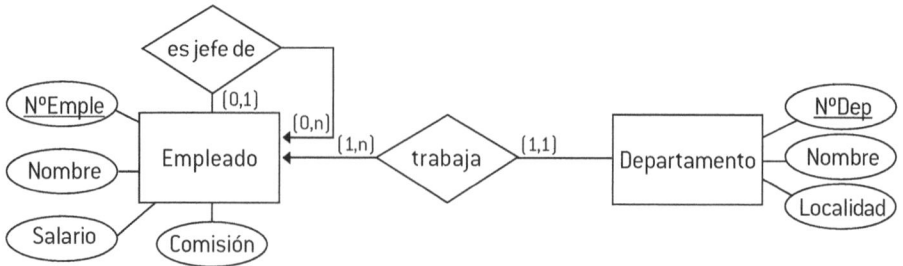

Figura 1. Diagrama Entidad-Relación para el supuesto 1.

Componentes de vehículos

Se desea crear una base de datos para el departamento de producción de una compañía fabricante de vehículos. Todo vehículo se fabrica ensamblando una serie de componentes o piezas. Los componentes más complicados se fabrican ensamblando entre sí componentes más sencillos. Los componentes más sencillos se fabrican con base en materias primas.

Un componente básico puede utilizar más de un artículo de materia prima, y una materia prima puede ser necesaria en más de un componente básico. La compañía no utiliza dos proveedores para la misma materia prima, pero cualquier proveedor puede suministrar más de una materia prima.

Todo componente y toda materia prima tienen un identificador y un nombre. El mismo componente puede aparecer como componente subordinado de algunos componentes y como componente superior de otros. Es necesario conocer el número de unidades de cada componente subordinado de que consta cada componente superior.

Algunas de las consultas más habituales serán las siguientes:

- Dado un proveedor, obtener qué materias primas suministra y a qué componentes afectan las mismas.

- Conocer los componentes cuyas existencias sean inferiores al *stock* mínimo.

- Información detallada de todos los componentes inmediatamente subordinados e inmediatamente superiores a uno concreto.

SOLUCIÓN:

Hay que crear una entidad *Componente*, inicialmente con los atributos identificador (*IdComp*) y nombre (*NomComp*). Al haber un atributo llamado identificador, es el que pondremos como AIP. Necesitamos crear la entidad *MateriaPrima* con idénticos atributos. Es preciso también definir la entidad *Proveedor*. El enunciado no nos indica atributos, pero podemos poner como atributos de esta entidad, un código (AIP), nombre, dirección y teléfono.

Es necesario establecer una relación entre *Componente* y *MateriaPrima*, relación que llamamos *se fabrica con*. En el enunciado se mencionan dos tipos de componentes: componentes básicos (aquellos que no se subdividen en más componentes) y los demás (aquellos que tienen componentes subordinados). Sin embargo, no tienen atributos distintos ni relaciones específicas, por lo que con una sola entidad *Componente* es suficiente. Un componente se fabricará con cero materias primas (si no es un componente básico) o con varias (si es básico): de ahí la cardinalidad (0,n). Consideramos que en la base de datos solo se almacenarán las relaciones directas entre componentes y materias primas, es decir, por cada componente se almacenarán los subcomponentes de que consta, pero no directamente las materias primas de que constan sus subcomponentes; estas materias primas se podrán conocer al consultar la composición de sus componentes básicos. La otra cardinalidad de esta relación será (1,n), puesto que una materia prima podrá participar en la composición de uno o más componentes básicos.

Se debe establecer una relación entre *Proveedor* y *MateriaPrima*. Como el enunciado nos indica que no se utilizan dos proveedores para la misma materia prima, se entiende que cada materia prima la suministra un único proveedor: de ahí la cardinalidad (1,1). Por otro lado, un proveedor podrá suministrar una o muchas materias primas.

Para conocer los componentes subordinados de que consta cada componente superior y viceversa, es necesario establecer una relación reflexiva para la entidad *Componente*. Esta relación la podemos leer de las dos maneras siguientes:

- En un sentido nos indica de cuántos componentes subordinados consta cada componente. Puede ocurrir que un componente no se pueda dividir en ningún componente subordinado si no se puede descomponer en partes (cardinalidad mínima 0), o bien puede ocurrir que se pueda dividir en varios componentes subordinados (cardinalidad máxima n).

- En el otro sentido nos indica por cada componente en cuántos componentes de nivel superior aparece como componente subordinado. Pues bien, puede ocurrir que un componente no forme parte de ningún componente mayor que él (cardinalidad mínima 0) o que aparezca como componente subordinado de varios componentes mayores que él (cardinalidad máxima n).

El enunciado nos indica que es necesario conocer el número de unidades de cada componente subordinado de que consta cada componente. Esto quiere decir que, por ejemplo, necesitamos saber para el componente superior llamado vehículo X:

- De cuántos motores consta (1), siendo motor un componente subordinado de vehículo X.

- De cuántas ruedas consta (4, sin contar la de repuesto), siendo rueda un componente subordinado de vehículo X.

Pues bien, para conseguir almacenar estos números (1 y 4 en este caso) debemos añadir un atributo a la relación reflexiva *se compone de*. Este atributo, al que podemos llamar *cant,* nos indica, por cada par componente superior-componente subordinado, cuántas unidades de componente subordinado contiene cada componente superior.

Para saber si un diagrama Entidad-Relación es válido para dar respuesta a las consultas indicadas, hemos de ver si disponemos de los atributos y de las relaciones necesarias.

En relación con la primera consulta, sí es posible satisfacerla porque existe una relación entre *Proveedor* y *MateriaPrima* que nos indica qué materias primas suministra cada proveedor. También es posible saber a qué componentes afectan dichas materias primas por la existencia de una interrelación entre *MateriaPrima* y *Componente*.

Para dar respuesta a la segunda consulta, es necesario añadir a nuestro diagrama Entidad-Relación dos atributos a la entidad *Componente*: uno que haga referencia a las existencias o *stock* (*StockComp*) y otro al *stock* mínimo (*StockMinComp*).

Para responder a la tercera consulta se dispone de la relación reflexiva *se compone de*.

El diagrama E-R que se propone es el siguiente:

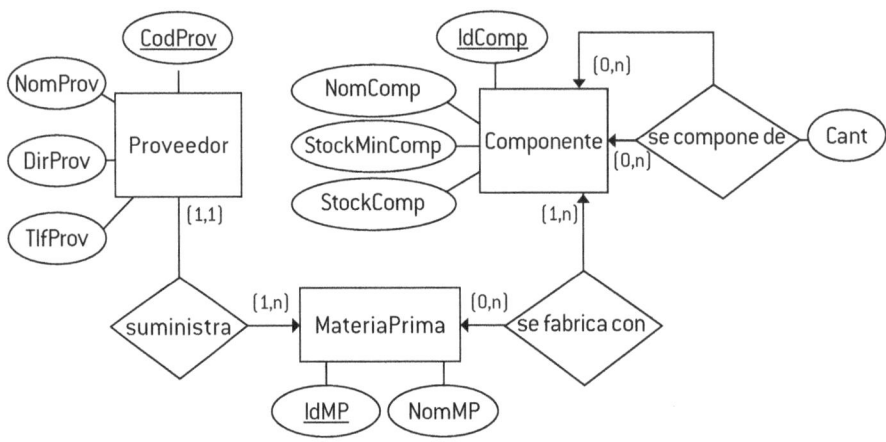

Figura 2. Diagrama Entidad-Relación para el supuesto 2.

Entidad bancaria

(Silberschatz, Korth y Sudarshan, 2002) Un banco está organizado en sucursales. Cada sucursal está ubicada en una ciudad concreta y se identifica con un nombre único. El banco supervisa los activos de cada sucursal.

Los clientes del banco se identifican mediante su valor de *IdCli*. El banco almacena cada nombre de cliente y la calle y la ciudad donde vive cada cliente. Los clientes pueden tener cuentas y pueden solicitar préstamos. Cada cliente puede estar asociado con un empleado del banco concreto, que puede actuar como responsable de préstamos o como asesor personal de ese cliente.

Los empleados del banco se identifican mediante su valor de *IdEmp.* La administración del banco almacena el nombre y el número de teléfono de cada empleado, el nombre de los subordinados de cada empleado y el número *IdEmp* del jefe directo de cada empleado. El banco también mantiene un registro de la fecha de incorporación a la empresa del empleado y, por tanto, de su antigüedad.

El banco ofrece dos tipos de cuentas: cuentas corrientes y cuentas de ahorro. Las cuentas pueden tener como titular a más de un cliente, y cada cliente puede tener más de una cuenta. Cada cuenta tiene asignado un número de cuenta único. El banco mantiene un registro del saldo de cada cuenta y de la fecha más reciente en que cada titular de la cuenta tuvo acceso a esa cuenta. Además, cada cuenta de ahorro tiene un tipo de interés y para cada cuenta corriente se registra el último descubierto generado.

Cada préstamo se genera en una sucursal concreta y pueden solicitarlo uno o más clientes. Cada préstamo se identifica mediante un número de préstamo único. Para cada préstamo el banco mantiene un registro del importe del préstamo y de los pagos realizados y pendientes. Aunque los números de los pagos del préstamo no identifican de forma unívoca cada pago entre los de todos los préstamos del banco, el número de pago sí que identifica cada pago de un préstamo concreto. De cada pago se registra la fecha, el importe y si está o no pendiente de pago.

SOLUCIÓN:

Comenzaremos creando la entidad *Sucursal* con sus atributos nombre (*NomSuc*) y ciudad (*CiuSuc*). Como el nombre es único, consideraremos a este atributo el AIP. Otra entidad será *Cliente* y tendrá los atributos que indica el enunciado. Crearemos también la entidad *Empleado*, con los atributos *IdEmp* (AIP) y los que hacen referencia al nombre, teléfono y fecha de ingreso. El enunciado nos indica que se deben almacenar los nombres de los subordinados de cada empleado y su jefe directo, pero una ocurrencia de una entidad (un empleado en este caso) no puede tener atributos con valores múltiples (los nombres de sus subordinados). Además, la información acerca de la relación jerárquica entre los empleados es posible proporcionarla estableciendo una relación reflexiva para la entidad *Empleado*, exactamente igual que la del primer supuesto.

Se debe crear una entidad *Cuenta*. Como atributos de Cuenta pondremos el número de cuenta (AIP), su saldo y su tipo. Este último dato se incluye porque el enunciado habla de dos tipos de cuentas, que además tienen atributos específicos (cuentas corrientes y cuentas de ahorro). Por este motivo, es conveniente crear una jerarquía de tipos y subtipos. Cada uno de los subtipos tiene un atributo propio. Vamos a suponer que el banco solo puede ofrecer los dos tipos de cuentas indicadas (cuentas corrientes y de ahorro), en cuyo caso la jerarquía es completa, lo que se debe representar mediante el círculo que se muestra debajo del supertipo Cuenta. Por otro lado, la jerarquía es exclusiva porque una cuenta solo puede ser corriente o de ahorro, no ambas cosas a la vez, lo que se representa mediante un arco.

Es preciso establecer una relación entre *Cuenta* y *Cliente* para saber los clientes titulares de cada cuenta. Se trata de una relación con tipo de correspondencia N:M y cardinalidades fácilmente deducibles. Para saber la fecha más reciente en la que cada titular accedió a cada cuenta, precisamos de un atributo en la relación *es titular*, pues este atributo nos indica por cada par cuenta-cliente titular la fecha del último acceso. Este atributo no lo podemos colocar en la entidad *Cuenta* porque para una cuenta puede haber varios titulares y cada uno de ellos tendrá su propia fecha de último acceso. Tampoco podemos colocar este atributo en la entidad *Cliente* porque un cliente puede ser titular de varias cuentas y para cada una de ellas puede tener una última fecha de acceso diferente. Por estos motivos, el atributo se debe colocar en la relación que vincula las dos entidades.

Como en el enunciado se indica que el banco supervisa los activos de cada sucursal y uno de los activos más importantes de un banco son las cuentas de sus clientes, considero adecuado establecer una relación entre *Sucursal* y *Cuenta* que refleje por cada cuenta en qué sucursal fue contratada dicha cuenta.

Debemos crear una relación entre *Cliente* y *Empleado* para reflejar qué empleado asesora a cada cliente. Un cliente puede o no tener empleado asesor, por lo que ponemos la cardinalidad (0,1) al lado de *Empleado*. Por su parte, un empleado puede asesorar a ninguno o a muchos clientes, lo que origina en el otro extremo la cardinalidad (0,n). Para saber el tipo de asesoramiento que proporciona el empleado al cliente (responsable de préstamos o asesor personal) precisamos de un atributo, que llamamos *TipoAsesor*, el cual se puede colocar en la relación o bien en la entidad *Cliente* porque todo cliente tiene un solo empleado que lo asesora, en caso de que lo tenga.

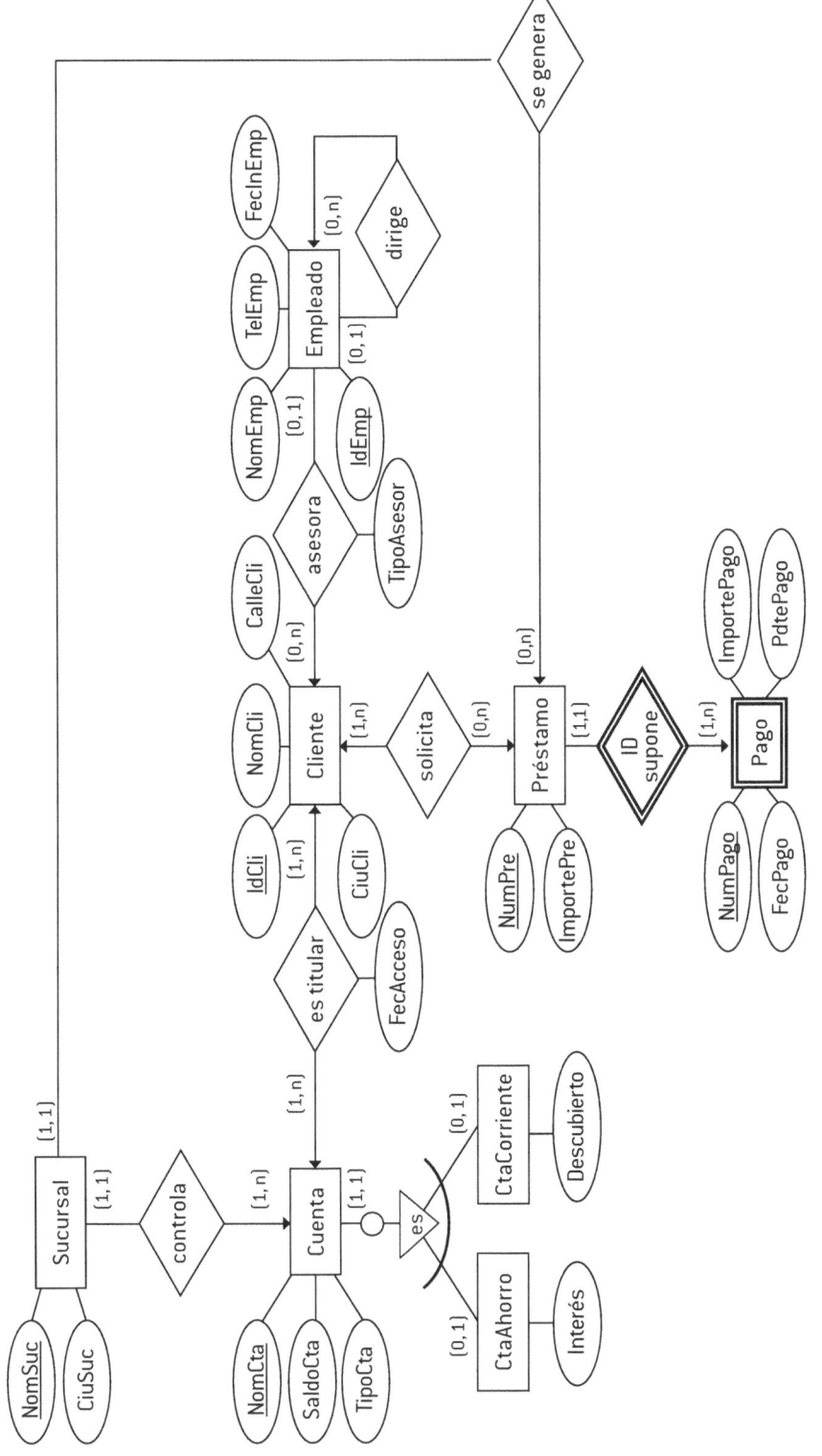

Figura 3. Diagrama Entidad-Relación para el supuesto 3.

Necesitamos también la entidad *Préstamo*, que tendrá dos atributos fácilmente deducibles a partir del enunciado. Es preciso crear una entidad débil, que llamamos *Pago*, dependiente de la entidad regular *Préstamo*. Se trata de una entidad débil porque un pago de un préstamo solo tiene sentido que esté en la base de datos si está almacenado el préstamo correspondiente y, si desaparece un préstamo, desaparecerán conjuntamente con él todos sus pagos. La relación existente entre *Préstamo* y *Pago* debe ser una dependencia en identificación porque, aunque cada pago tiene como atributo un número de pago, este no es único a nivel de todos los pagos existentes en la base de datos, sino que solo es único a nivel de préstamo. Por este motivo, para identificar cada pago, precisaremos además del atributo número de pago, el AIP de la entidad regular de la que depende, es decir, el atributo número de préstamo.

Para saber en qué sucursal se ha generado cada préstamo, es preciso establecer una relación entre *Préstamo* y *Sucursal*.

Tema 3: El modelo relacional

Se van a proporcionar varios supuestos prácticos de normalización en los que se va a partir de una relación universal (relación con todos los atributos del universo del discurso) y se van a ir aplicando las formas normales de la primera a la tercera en orden, dando lugar a un esquema relacional con más relaciones y normalizado hasta la 3FN.

Pedidos en una empresa

Se desean registrar los siguientes datos acerca de cada pedido en una base de datos:

Fecha: **23 diciembre 2024**
Pedido Nº: **444444**
Proveedor Nº: **1234**
Nombre proveedor: **Hnos. García**
Dirección proveedor: **Mayor, 11. Bilbao**

Nº Prod	Descripción	Prec. Unitario	Cant	Importe
1111	Televisión	320,00	1	320,00
2222	Clavija	0,60	10	6,00
3333	Enchufe	0,90	5	4,50
TOTAL:				**330,50**

Figura 4. Datos de un pedido.

SOLUCIÓN:

La relación universal es la siguiente, con el grupo repetitivo que aparece subrayado, considerando como clave primaria el atributo *NumPed*:

Pedido (NumPed, FecPed, NumProv, NomProv, DirProv, <u>NumProd, DescProd, PrecUnit, Cant, Importe</u>, Total)

Como hay un grupo repetitivo, la relación no se encuentra en 1FN. La pasamos a esta forma normal eliminando el grupo repetitivo y creando una nueva relación con los atributos del grupo repetitivo y la clave primaria de la relación de partida.

Pedido' (<u>NumPed</u>, FecPed, NumProv, NomProv, DirProv, Total)

LíneaPedido (<u>NumPed, NumProd</u>, DescProd, PrecUnit, Cant, Importe)

Para que la relación *LíneaPedido* se encuentre en 2FN es necesario que todos sus atributos no clave dependan de la totalidad de la clave, es decir, que sean verdad todas las siguientes dependencias funcionales totales:

$$(NumPed, NumProd) \Rightarrow DescProd$$

$$(NumPed, NumProd) \Rightarrow PrecUnit$$

$$(NumPed, NumProd) \Rightarrow Cant$$

$$(NumPed, NumProd) \Rightarrow Importe$$

Vamos a suponer que los precios de los productos son únicos, esto es, que los productos se venden al mismo precio independientemente de a quién se realice la venta. Pues bien, teniendo esto en consideración, las dos primeras dependencias funcionales no son verdad porque la descripción del producto y su precio solo dependen del producto y no del pedido, es decir, se cumplen las siguientes dependencias funcionales:

$$NumProd \rightarrow DescProd$$

$$NumProd \rightarrow PrecUnit$$

Esto quiere decir que los atributos *DescProd* y *PrecUnit* no dependen de la totalidad de la clave, por lo que la relación *LíneaPedido* no se encuentra en 2FN. Para pasarla a esta forma normal, tendremos que eliminar estos dos atributos de la relación en la que se encuentran y crear por cada uno de ellos una nueva relación con cada atributo eliminado y aquel del que dependen, el cual será la clave primaria. En este caso, como los dos atributos eliminados dependen del mismo atributo (*NumProd*) solo crearemos una nueva relación con ellos más aquel atributo del que dependen. El esquema relacional en 2FN quedará de la siguiente forma:

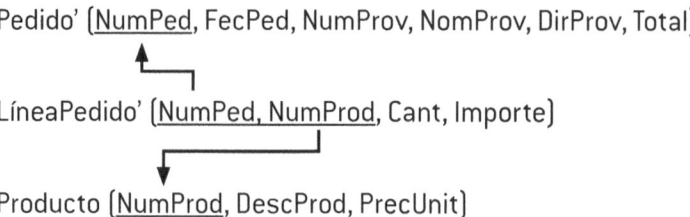

Pedido' (<u>NumPed</u>, FecPed, NumProv, NomProv, DirProv, Total)

LíneaPedido' (<u>NumPed, NumProd</u>, Cant, Importe)

Producto (<u>NumProd</u>, DescProd, PrecUnit)

Ahora vamos a examinar si las relaciones se encuentran en 3FN buscando dependencias funcionales transitivas. Pues bien, en la relación *Pedido'* se detecta la siguiente dependencia transitiva:

$$\not\leftarrow$$

NumPed → NumProv → NomProv, DirProv

Esto quiere decir que los atributos *NomProv* y *DirProv* no dependen directamente de la clave (*NumPed*), sino del atributo *NumProv*. Por este motivo, la relación *Pedido'* no está en 3FN. Debemos por tanto pasarla a 3FN. Para ello, eliminaremos de la relación *Pedido'* los dos atributos que no dependen directamente de la clave (*NomProv* y *DirProv*) y crearemos una relación por cada uno de ellos con ese atributo más aquel del que dependen, el cual será la clave primaria. El esquema relacional en 3FN nos quedará como sigue:

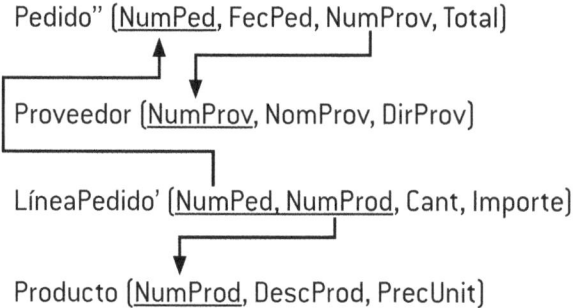

Pedido'' (<u>NumPed</u>, FecPed, NumProv, Total)

Proveedor (<u>NumProv</u>, NomProv, DirProv)

LíneaPedido' (<u>NumPed, NumProd</u>, Cant, Importe)

Producto (<u>NumProd</u>, DescProd, PrecUnit)

Matrícula escolar

Se proporciona una relación universal y las siguientes suposiciones semánticas:

Matrícula (DNI, Nombre, Apellidos, Cód_asignatura, Nom_asignatura, Curso, Nota, Aula, Lugar)

Suposiciones semánticas:

- El atributo *Cód_asignatura* identifica las asignaturas en las que se encuentra matriculado cada uno de los alumnos. Cada asignatura tiene un nombre, que es único, y está asignada a un único curso.

- Por cada asignatura en la que está matriculado un alumno se almacena una única nota, la que figurará en su expediente académico.

- Una asignatura se puede impartir en diferentes aulas dependiendo del grupo al que pertenezca el alumno.

- El atributo *Aula* representa el aula en que se imparte la docencia de cada asignatura, mientras que Lugar indica el lugar del centro en el que se encuentra el aula (el edificio, la planta, etc.). Cada aula lleva asignado un número que identifica el lugar en el que se encuentra el aula.

SOLUCIÓN:

Vamos a considerar como clave primaria de la relación el DNI del alumno. Hay varios atributos que forman parte de un grupo repetitivo (los que aparecen subrayados) porque un alumno puede estar matriculado de varias asignaturas.

> Matrícula (DNI, Nombre, Apellidos, Cód_asignatura, Nota, Curso, Aula, Lugar)

Como hay un grupo repetitivo, la relación no se encuentra en 1FN. La pasamos a esta forma normal eliminando el grupo repetitivo de la relación y creando una nueva. El esquema relacional en 1FN queda como sigue:

> Matrícula' (DNI, Nombre, Apellidos)
> ↑
> Expediente (DNI, Cód_asignatura, Nota, Curso, Aula, Lugar)

Para que la relación *Expediente* se encuentre en 2FN, es necesario que todos sus atributos no clave dependan de la totalidad de la clave, esto es, que se cumplan las siguientes dependencias funcionales totales:

$$(DNI, Cód\_asignatura) \Rightarrow Nota$$

$$(DNI, Cód\_asignatura) \Rightarrow Curso$$

$$(DNI, Cód\_asignatura) \Rightarrow Aula$$

$$(DNI, Cód\_asignatura) \Rightarrow Lugar$$

La segunda dependencia funcional total no se cumple porque una asignatura pertenece a un único curso, es decir, se cumple:

$$\text{Cód\_asignatura} \twoheadrightarrow \text{Curso}$$

Por este motivo la relación *Expediente* no se encuentra en 2FN y para pasarla a esta forma normal, deberemos eliminar el atributo *Curso* de esta relación y crear una nueva con él más el atributo del que depende, el cual será la clave primaria. El esquema relacional en 2FN será el siguiente:

Matrícula' (<u>DNI</u>, Nombre, Apellidos)

Expediente' (<u>DNI, Cód_asignatura</u>, Nota, Aula, Lugar)

Asignatura (<u>Cód_asignatura</u>, Curso)

De las relaciones existentes, *Asignatura* ya se encuentra en 3FN porque solo tiene un atributo no clave. En las demás relaciones deberemos buscar alguna dependencia funcional transitiva, y en la relación *Expediente'* encontramos la siguiente:

$$(\text{DNI, Cód\_asignatura}) \nrightarrow \text{Aula} \twoheadrightarrow \text{Lugar}$$

Esto quiere decir que el atributo *Lugar* no depende directamente de la clave primaria, sino del atributo *Aula*. Para pasar la relación *Expediente'* a 3FN, hemos de eliminar de ella el atributo *Lugar* y crear una nueva relación con este atributo más aquel del que depende, el cual será clave primaria. El esquema relacional en 3FN quedará como sigue:

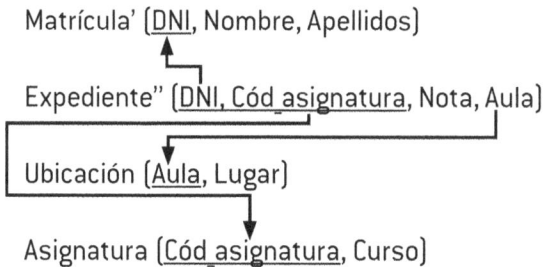

Matrícula' (<u>DNI</u>, Nombre, Apellidos)

Expediente'' (<u>DNI, Cód_asignatura</u>, Nota, Aula)

Ubicación (<u>Aula</u>, Lugar)

Asignatura (<u>Cód_asignatura</u>, Curso)

Empleados

Se proporciona una relación universal y las siguientes suposiciones semánticas:

Empleado (NumEmp, NSS, Sección, NumJefeSec, NumCurso, Tema)

Suposiciones semánticas:

- Cada empleado tiene un número único y un número de la Seguridad Social (NSS) único.

- Cada empleado trabaja en una única sección. Cada sección tiene un empleado jefe.

- Un empleado puede realizar varios cursos, cada uno de los cuales tiene un número que lo identifica y trata de un solo tema.

SOLUCIÓN:

En la relación universal, tomando como clave primaria *NumEmp*, se detecta un grupo repetitivo formado por los atributos *NumCurso* y *Tema* porque un empleado puede haber realizado varios cursos, cada uno de los cuales trata de un tema. El grupo repetitivo aparece subrayado:

Empleado (NumEmp, NSS, Sección, NumJefeSec, NumCurso, Tema)

Al haber un grupo repetitivo, la relación *Empleado* no se encuentra en 1FN, por lo que debemos pasarla a esta forma normal eliminando el grupo repetitivo indicado y creando una nueva relación con los atributos del grupo más la clave primaria de la relación original. El esquema relacional en 1FN queda de la siguiente forma:

Empleado' (NumEmp, NSS, Sección, NumJefeSec)

Estudios (NumEmp, NumCurso, Tema)

La relación *Empleado'* ya se encuentra en 2FN porque está en 1FN y su clave primaria consta de un solo atributo. Para que la relación *Estudios* se encuentre en 2FN, es necesario que el único atributo no clave que presenta (*Tema*) dependa de la totalidad de la clave, es decir, que sea verdad la siguiente dependencia funcional total:

(NumEmp, NumCurso) $\Rightarrow$ Tema

Y ocurre que esta dependencia no es verdad, puesto que el tema de un curso solo depende del curso de que se trate y no de quién lo realice, es decir, se cumple la siguiente dependencia funcional:

NumCurso $\rightarrow$ Tema

Por este motivo, la relación *Estudios* no está en 2FN. Para ponerla en 2FN, hemos de eliminar de la relación *Estudios* el atributo *Tema* y crear una nueva relación con este atributo y aquel del que depende, que será la clave primaria. El esquema relacional en 2FN será el siguiente:

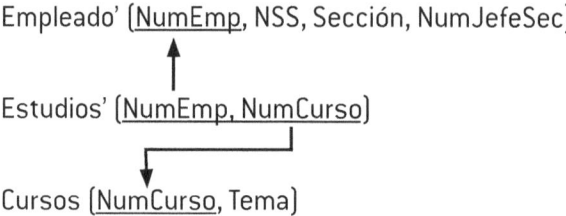

Empleado' (<u>NumEmp</u>, NSS, Sección, NumJefeSec)

Estudios' (<u>NumEmp, NumCurso</u>)

Cursos (<u>NumCurso</u>, Tema)

Las relaciones *Estudios'* y *Cursos* ya se encuentran en 3FN porque están en 2FN y tienen menos de dos atributos no clave. Sin embargo, *Empleado'* no se encuentra en 3FN porque presenta la siguiente dependencia funcional transitiva:

$$\text{NumEmp} \rightarrow \text{Sección} \not\rightarrow \text{NumJefeSec}$$

Esto quiere decir que el atributo *NumJefeSec* no depende directamente de la clave *NumEmp*, sino del atributo *Sección*. Para pasar esta relación a 3FN, hemos de eliminar de la relación *Empleado'* el atributo *NumJefeSec* y crear una nueva relación con él más el atributo del que depende. El esquema relacional en 3FN quedará como sigue:

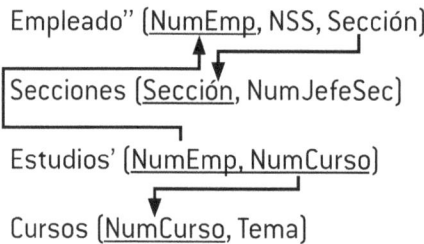

Empleado'' (<u>NumEmp</u>, NSS, Sección)

Secciones (<u>Sección</u>, NumJefeSec)

Estudios' (<u>NumEmp, NumCurso</u>)

Cursos (<u>NumCurso</u>, Tema)

Tema 5: Creación y diseño de bases de datos

Se pide realizar el diseño lógico a partir de los diagramas E-R obtenidos en las actividades resueltas correspondientes al Tema 2.

Empleados y departamentos

Se parte del diagrama E-R de la Figura 1. Como sabemos, cada entidad dará lugar a una relación, por lo que tendremos las relaciones *Empleado* y *Departamento* con los atributos correspondientes de las entidades. Ahora analicemos las relaciones existentes en el diagrama E-R:

- *Trabaja* es una relación con tipo de correspondencia 1:N. Estas relaciones generalmente dan lugar a que en la relación correspondiente a la cardinalidad N (*Empleado*) aparezca una clave ajena con el atributo clave primaria de la otra relación (*NºDep*). En este caso, así obraremos porque no se da ninguno de los casos por los cuales el método aplicable es crear una nueva tabla. Por tanto, creamos en *Empleado* una clave ajena con el atributo *NºDep* apuntando a *Departamento*.

- *Es jefe de* es una relación también de tipo 1:N, que dará lugar a que en la relación *Empleado* aparezca una clave ajena a la clave primaria y que referencia al jefe del empleado en cuestión.

El esquema relacional resultante es el siguiente:

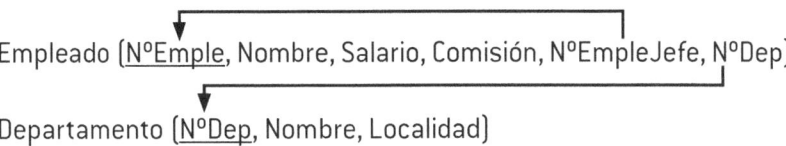

Empleado (<u>NºEmple</u>, Nombre, Salario, Comisión, NºEmpleJefe, NºDep)

Departamento (<u>NºDep</u>, Nombre, Localidad)

Componentes de vehículos

Se parte del diagrama E-R de la Figura 2. Comenzaremos creando una relación por cada entidad.

Analicemos a continuación cada relación:

- Por la relación 1:N entre *Proveedor* y *MateriaPrima* deberemos asignar a la entidad de la parte N (*MateriaPrima*) una clave ajena que apunte a la clave primaria de *Proveedor* (*CodProv*) para conocer el proveedor que suministra cada materia prima.

- Por la relación N:M entre *Componente* y *MateriaPrima* deberemos crear una nueva relación, que podemos llamar *Fabricación*, que contendrá dos claves ajenas apuntando a la clave primaria de cada entidad relacionada.

- Por la relación reflexiva N:M que afecta a la entidad *Componente*, deberemos crear una nueva relación con dos claves ajenas, cada una de ellas apuntando a la clave primaria de *Componente*. Llamaremos a las dos claves ajenas de manera diferente para distinguir entre el componente superior (el contenedor) y el inferior (el contenido). Esta relación además contendrá el atributo *cant* propio de la relación.

El esquema relacional resultante quedará como sigue:

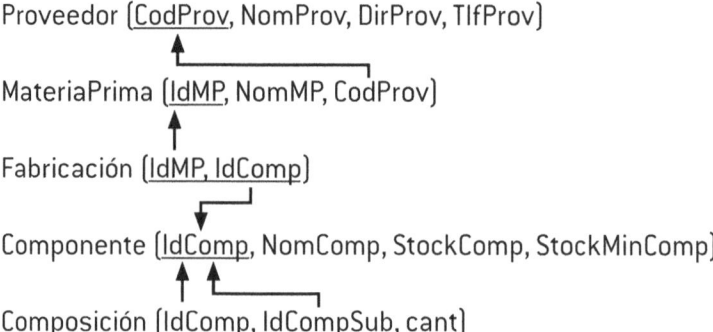

Proveedor (CodProv, NomProv, DirProv, TlfProv)

MateriaPrima (IdMP, NomMP, CodProv)

Fabricación (IdMP, IdComp)

Componente (IdComp, NomComp, StockComp, StockMinComp)

Composición (IdComp, IdCompSub, cant)

Entidad bancaria

Se parte del diagrama E-R de la Figura 3. Comenzaremos creando una relación o tabla por cada entidad. En cuanto a las relaciones del diagrama E-R:

- Las relaciones 1:N entre *Sucursal* y *Cuenta*, *Sucursal* y *Préstamo* y la relación reflexiva de *Empleado* se tratarán de la forma más habitual, es decir, creando en la parte N una clave ajena a la parte 1.

- La dependencia en identificación entre *Préstamo* y *Pago* se tratará también como las relaciones 1:N anteriores, pero la clave ajena *NumPre* en *Pago* también formará parte de la clave primaria de *Pago*.

- Las relaciones N:M entre *Cuenta* y *Cliente* y entre *Cliente* y *Préstamo* originarán nuevas relaciones, como siempre en estos casos.

- En cuanto a la relación 1:N entre *Cliente* y *Empleado*, como la cardinalidad en el lado 1 es (0,1) y puede ocurrir que en bastantes casos un cliente no tenga ningún empleado que lo asesore, lo más conveniente puede ser crear una nueva relación, que podemos llamar *Asesora*, que tendrá una clave ajena por cada una de las entidades relacionadas y el atributo de la relación (*TipoAsesor*). La clave primaria de esta nueva relación será *IdCli* (parte N).

- En cuanto a la jerarquía existente en el diagrama que tiene como supertipo a la entidad *Cuenta*, como en este caso los subtipos tienen pocos atributos propios, no tienen relaciones propias y la jerarquía es total, optaremos por crear una sola tabla que abarque todos los atributos del supertipo y los subtipos.

El esquema relacional resultante queda como sigue:

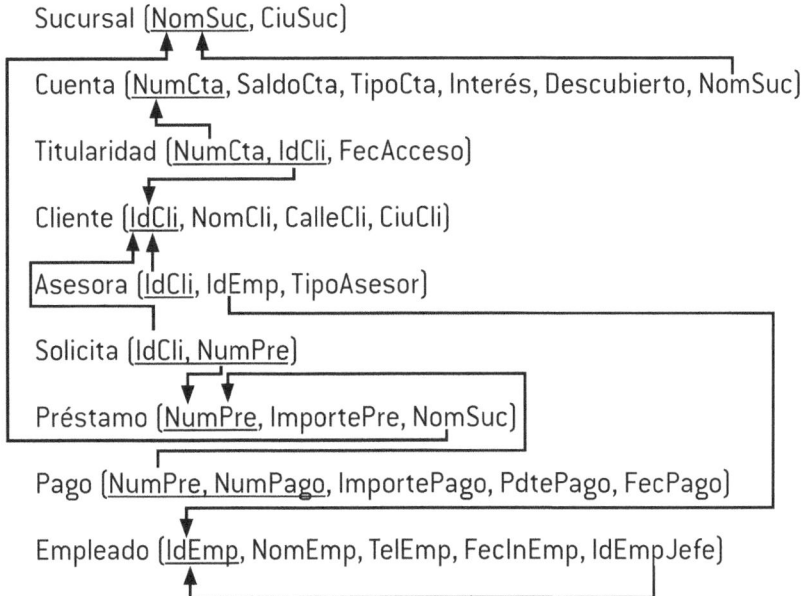

Sucursal (<u>NomSuc</u>, CiuSuc)

Cuenta (<u>NumCta</u>, SaldoCta, TipoCta, Interés, Descubierto, NomSuc)

Titularidad (<u>NumCta, IdCli</u>, FecAcceso)

Cliente (<u>IdCli</u>, NomCli, CalleCli, CiuCli)

Asesora (<u>IdCli</u>, IdEmp, TipoAsesor)

Solicita (<u>IdCli, NumPre</u>)

Préstamo (<u>NumPre</u>, ImportePre, NomSuc)

Pago (<u>NumPre, NumPago</u>, ImportePago, PdtePago, FecPago)

Empleado (<u>IdEmp</u>, NomEmp, TelEmp, FecInEmp, IdEmpJefe)

Ejercicios propuestos

A continuación se proponen los enunciados de varios ejercicios sobre los temas 2, 3 y 5. Las soluciones de los mismos son accesibles vía web en www.paraninfo.es

Tema 2. Modelos conceptuales de bases de datos

A continuación se van a proponer varios supuestos de modelización mediante diagramas E-R. Se va a proporcionar por cada supuesto un enunciado que describe el universo del discurso para el que se desea obtener el esquema Entidad-Relación.

Liga de fútbol

La Liga de Fútbol Profesional (LFP) tiene el proyecto de implementar una base de datos con estadísticas de la temporada.

En dicha base de datos los futbolistas vendrán identificados por su número de ficha, interesando además su nombre, apellidos, fecha de nacimiento, peso y estatura. Los equipos vienen identificados por su nombre. También se guardan su año de fundación, nombre del presidente, número de socios y estadio en el que juega. Un futbolista puede militar en equipos distintos a lo largo de su carrera deportiva, pero no simultáneamente. De cada contrato entre jugador y club interesa reflejar fecha de comienzo, duración, ficha anual y cláusula de rescisión.

Los equipos disputan partidos entre sí, de los que se guarda un código identificativo, la fecha, el resultado y la jornada a la que corresponden. Cada jugador participa en diferentes partidos (puede que ninguno), siendo relevante el número de minutos disputados, los goles anotados (o recibidos si se trata del portero) y las tarjetas recibidas.

De los árbitros interesa el número de colegiado, el colegio arbitral al que pertenecen, así como nombre, apellidos y número de temporadas en la categoría. Cada partido lo arbitran cuatro colegiados (árbitro principal, auxiliares de banda y cuarto árbitro), siendo de interés saber la función de cada uno de ellos en el mismo.

Excompañeros

Un grupo de excompañeros de estudios decide que sería interesante organizar una cena anual para mantener su amistad. La cena la organizarán dos personas del grupo que pueden cambiar cada año. Sobre cada cena se desea registrar su fecha y lugar. Cada persona se identifica por su nombre y también se desea almacenar su dirección, teléfono y correo electrónico.

También se pretende registrar el historial profesional de cada uno de los miembros del grupo, o sea, las empresas en las que han trabajado (nombre y actividad), entre qué fechas (fecha de inicio y de fin) y el cargo que han ocupado en cada una de ellas en cada periodo. Se debe tener en cuenta que una misma persona puede haber trabajado en la misma empresa en varios periodos de tiempo y desempeñando distintos cargos.

La aplicación deberá dar respuesta a consultas como las siguientes:

- Teléfono de cada uno de los miembros del grupo.

- Lista de los que han trabajado en una empresa en concreto.

- ¿Dónde está trabajando actualmente Lola Ruiz?

- Lista de los que no estuvieron en la cena del año pasado.

- ¿Dónde tuvo lugar la cena del 2024 y quiénes la organizaron?

Supermercado

Un supermercado ha decidido informatizar toda su gestión. La información que se desea almacenar es la siguiente:

El supermercado tiene un conjunto de proveedores, de los cuales se desea almacenar su nombre (que es único), dirección y teléfono. Cada proveedor sirve al supermercado uno o varios artículos, y es posible que un mismo artículo sea servido por más de un proveedor. Por cada artículo deseamos saber el nombre, el precio de venta al público, el número de artículo (que es único) y el precio al que lo sirve cada proveedor o precio de venta de distribución (diferente del precio de venta al público).

Por otro lado, el supermercado está organizado en distintos departamentos, cada uno de los cuales tiene un director y una serie de empleados. Cada departamento tiene un código que lo identifica, se corresponde con un área de ventas (panadería, lácteos, charcutería, etc.) y cada artículo solo puede ser vendido por un único departamento.

El supermercado necesita por cada empleado la siguiente información: nombre (que es único), dirección, teléfono, salario y a qué departamento pertenece.

Finalmente, el supermercado tiene clientes que realizan pedidos. Por cada cliente se necesita registrar su nombre (que es único), dirección, teléfono y saldo. Cada pedido consiste en un número de pedido, fecha del pedido, artículos pedidos y cantidad que de cada uno de los artículos se ha solicitado en el pedido.

Tema 3. El modelo relacional

Se van a proporcionar varios supuestos prácticos de normalización en los que se va a partir de una relación universal (relación con todos los atributos del universo del discurso) y se deben aplicar las formas normales de la primera a la tercera en orden, dando lugar a un esquema relacional con más relaciones y normalizado hasta la 3FN.

Liga de fútbol

Se proporciona una relación universal y las siguientes suposiciones semánticas:

Liga (DNI, Nombre_jugador, Fecha_nacimiento, Sueldo, Nacionalidades, Idiomas, Nombre_equipo, Ciudad, Presidente, Cód_partido, Eq_local, Eq_visitante, Fecha, Resultado)

Suposiciones semánticas:

- Cada jugador puede hablar uno o varios idiomas y puede tener una o varias nacionalidades.

- Cada jugador solo pertenece a un equipo, el cual está formado por varios jugadores.

- Cada equipo solo pertenece a una ciudad y tiene solo un presidente.

- El código del partido se refiere solo a los partidos para los que este jugador ha sido seleccionado.

- Por cada partido se almacena, además de su código, el nombre el equipo local, el nombre del equipo visitante, la fecha del partido y el resultado del mismo.

Almacén

Se proporciona una relación universal y las siguientes suposiciones semánticas:

Almacén (CodTienda, NomTienda, CodCiudad, NomCiudad, Provincia, ComAutónoma, CodArt, NomArt, CantidadArt, PVPArt, IVAArt)

Suposiciones semánticas:

- Cada tienda tiene un código que la identifica, un nombre y está ubicada en una única ciudad.

- Sobre cada ciudad se almacena un código, nombre y la provincia y comunidad autónoma donde está ubicada.

- A una tienda se llevan varios artículos, identificables por su código y nombre.

- Para cada artículo que se lleva a una tienda, se necesita almacenar la cantidad que se lleva periódicamente y el precio al que se le vende a la tienda el artículo.

- La cantidad llevada a cada tienda varía dependiendo de las necesidades locales.

- La cantidad y precio unitario de un artículo difiere de una tienda a otra dependiendo de la demanda local.

- *IVAArt* hace referencia al tipo de IVA aplicable al artículo (4 %, 10 % o 21 %) y es siempre el mismo para cada artículo.

Cursos

Se proporciona una relación universal y las siguientes suposiciones semánticas:

Cursos (CodCurso, NomCurso, DNIAlumno, NomAlumno, NumMatrícula, Centro, Profesor, Texto)

Suposiciones semánticas:

*   El código del curso es único; sin embargo, el nombre podría no serlo.

*   Un alumno puede estar matriculado en varios cursos.

*   Un alumno tiene un número de matrícula distinto para cada curso en el que está matriculado.

*   Un curso se imparte en un solo centro.

*   Un curso es impartido por un solo profesor, pero un profesor puede impartir varios cursos.

*   Un profesor imparte clases en un solo centro.

*   Un curso se apoya en distintos libros de texto (atributo *Texto*), y un mismo libro de texto puede servir de soporte a varios cursos.

Tema 5. Creación y diseño de bases de datos

Se pide realizar el diseño lógico a partir de los diagramas E-R obtenidos en las actividades propuestas correspondientes al Tema 2.

Bibliografía

Navathe, S.; Elmasri, R.; Díaz, J. *Fundamentos de sistemas de bases de datos.* Pearson-Addison Wesley, Boston, 2007.

Oltra, F.; Albert, J.; Vericat, A. *Operaciones con bases de datos ofimáticas y corporativas.* McGraw-Hill, Madrid, 2006.

Piattini, M.; Marcos, E.; Calero, C.; Vela, B. *Tecnología y diseño de bases de datos*, RA-MA, Madrid, 2006.

Piattini, M.; Calvo-Manzano, J.; Cervera, J.; Fernández, L. *Análisis y diseño detallado de aplicaciones informáticas de gestión*, RA-MA, Madrid, 2007.

Silberschatz, A.; Korth, H. F.; Sudarshan, S. *Fundamentos de bases de datos*, McGraw-Hill, Madrid, 2002.